Sicher ist sicher. Bei aller Sorgfalt, die wir in der Recherche haben walten lassen, können sich Öffnungszeiten auch einmal kurzfristig ändern, oder ein Lokal ist gerade in Ihrer perfekten Ibiza-Woche ausgebucht oder geschlossen. Darum empfehlen wir, grundsätzlich möglichst weit im Voraus zu reservieren. Ein kurzer Anruf genügt und Sie können sicher sein, zur vereinbarten Zeit einen Platz zu finden.

© Süddeutsche Zeitung GmbH, München
für die Süddeutsche Zeitung Edition
in Kooperation mit smart-travelling print UG, Berlin
Reihe „Eine perfekte Woche …"

Idee und Konzept: Nancy Bachmann, Nicola Bramigk
Texte: Ralph Amann
Fotos: Nicola Bramigk
Lektorat: Gesina Happe
Gestaltungskonzept: Verena Bettin
Gestaltung und Illustration: Tanja Riccius, Rahel Streiff

Projektmanagement: Sabine Sternagel
Litho: Journal Media
Herstellung: Thekla Licht, Herman Weixler
Druck und Bindung: optimal media GmbH, Röbel/Müritz
ISBN: 978-3-86615-958-7

2. aktualisierte Auflage, 2015

SMART
TRAVELLING

LIEBLINGSADRESSEN AUF IBIZA

FORMENTERA
Seite 44

6 Hotel:
Eco-Resort Es Ram
Camin del Ram Km 13
Tel: 0034 971 948427
Seite 46

7 Hotel:
Hotel Es Marès
Carrer de Santa Mariá 15
07860 Sant Francesc de Formentera
Tel: 0034 971 323216
Seite 52

8 Restaurant:
Juan y Andrea
Platja de ses Illetes
07860 Sant Francesc de Formentera
Tel: 0034 971 187130
Seite 58

9 Bar:
Can Toni
07871 El Pilar de la Mola, Formentera
Tel: 0034 971 327377
Seite 66

10 Restaurant:
Sa Platgeta
07870 Platja de Migjorn, Formentera
Tel: 0034 971 187614
Seite 72

16 Hotel/Restaurant:
Ibiza Rocks House und
Room 39 Restaurant
Camí de Sa Vorera, Sant Antoni
Tel: 0034 971 342222
Seite 124

DER MAGISCHE NORDEN
Seite 130

17 Hotel:
Es Cucons
Camí des Plà de Corona Km 1
07828 Santa Agnès de Corona
Tel: 0034 971 805501
Seite 132

18 Hotel:
Cas Gasi
Camí Vell de Sant Mateu
07814 Santa Gertrudis de Fruitera
Tel: 0034 971 197700
Seite 142

19 Hotel:
The Giri Residence
Carrer Principal 5
07810 Sant Joan de Labritja
Tel: 0034 971 333345
Seite 146

20 Restaurant/Café:
Cafeteria Can Cosmi
07828 Santa Agnès de Corona
Tel: 0034 971 805020
Seite 152

21 Bar:
Bar Costa
Plaça de Santa Gertrudis
07814 Santa Gertrudis
Tel: 0034 971 197021
Seite 158

22 Café:
Paloma Café
Apartado 156
07812 Sant Llorenç de Balafia
Tel: 0034 971 325543
Seite 164

DER GEMISCHTE OSTEN
Seite 172

23 Hotel:
Can Talaias
Carretera Cala Boix
07850 Sant Carles de Peralta
Tel: 0034 971 335742
Seite 174

24 Hotel:
Les Terrasses
Carretera de Santa Eulária
07840 Santa Eulária des Riu
Tel: 0034 971 332643
Seite 182

25 Restaurant:
Cicale
Carretera de Sant Joan Km 12
07810 Sant Joan de Labritja
Tel: 0034 971 325151
Seite 190

26 Aktion:
S'Aigua Blanca
Cala de S'Aigua Blanca
Seite 196

27 Restaurant:
Sandy's Bar
Carrer de Sant Vicenç 25
07840 Santa Eulária des Riu
Tel: 0034 971 338034
Seite 200

28 Restaurant:
El Bigote
Cala Mastella
07840 Santa Eulária des Riu
Tel: 0034 650 797633
Seite 204

GUT ZU WISSEN
Tipps, Ausflüge,
Spaziergänge
Seiten 209 – 240

IBIZA UND FORMENTERA

Hinfahren, in die Sonne blinzeln, das Meer genießen und den Rest der Welt vergessen ... Schon wenn man aus dem Flughafen heraustritt, meint man, mit der mediterranen Luft eine andere Form der Freiheit einzuatmen. Schon das Licht ist bestechend, die lebenshungrige Stimmung ist unvergleichlich. Einige der schönsten Mittelmeerstrände Spaniens liegen hier, leuchten mitunter in karibischen Farben. Strahlend weiße Fincas und Städtchen in der grünen Hügellandschaft: „Weiß wie am ersten Tag, in einem Weiß, das den Schatten noch nicht kennt", mit diesen Worten erkor der Maler Rusiñol Ibiza 1913 zur „Isla blanca". Als Walter Benjamin Anfang der Dreißigerjahre Ibiza für sich entdeckte, war es ein weltvergessenes, ruhiges Eiland, das es einem Philosophen erlaubte, nicht zu denken. Ibiza döste im Mittelmeer friedlich-freundlich vor sich hin. Camus beschwor damals hier die „Idee der Langsamkeit". 1958 wurde dann der internationale Flughafen eröffnet, die ersten Hippies kamen und mit ihnen lange Haare, weite Kleider, nackte Haut, freie Liebe, Drogen und spirituelle Erleuchtung. Schauspieler, Künstler und Hippies liebten die verschlafenen Inseln und mischten sie gehörig auf – und das immerhin zu Zeiten der faschistischen Diktatur Francos, dessen repressive Institutionen der Macht sich glücklicherweise kaum für sie interessierten. Mittlerweile ist Ibiza ein schillernder Fixstern für die Clubbingszene. Aus den verträumten Mittelmeerinseln sind hippe, stylishe, hedonistische Promi- und Partyinseln geworden mit Lounge- und Chill-out-Elektrosound zum Sonnenuntergang. Von dem ursprünglichen Charme haben beide Inseln sich dabei glücklicherweise viel erhalten, lassen Sie sich überraschen!

IBIZA-STADT

Traumschön türmt sich die Altstadt Eivissas über dem Hafen auf wie eine Trutzburg: Erhaben und geheimnisvoll thront sie mit ihren dicken alten Mauern über der quirligen weißen Stadt. Die alte Stadt und das Meer. Wie viele Namen hat sie schon besessen: Ibosim, Ebusus, Yebosah, Madina Yabisah, Ibiza-Stadt, Eivissa ... Die Karthager, Römer, Araber, Katalanen und Spanier haben den Ibizabesuchern aus aller Welt eine einzigartig offene, tolerante und lebensbejahende Atmosphäre hinterlassen. In den engen Straßen der Unterstadt, in Vara de Rey, La Marina und Sa Penya, tobt das Leben, drängen sich kleine Läden dicht an dicht neben Bars, Cafés und Restaurants. Viel moderner und klarer ist die Architektur in Eivissa Nova und vor allem der Marina Botafoch. Der Jachthafen setzt mit exklusiven Boutiquen und eleganten Restaurants den Kontrapunkt zur Patina im historischen Stadtkern. In der Neustadt liegt auch das legendäre Pacha – der schillernde kommerzielle Fixpunkt der weltweiten Clubbingszene. Westlich der Stadt befinden sich die ehemals bedeutenden Salinas und einige herrliche Beach-Clubs wie das El Chiringuito. Im dichter besiedelten Osten gilt es am Meer die versteckte Strandbude Everybody zu entdecken. Einmal im Leben sollte man jedoch hoch oben in der zum Weltkulturerbe geadelten Altstadt Dalt Vila auf der Stadtmauer stehen, die Ruhe genießen sowie den Blick auf die Kathedrale und das Meer – bis hinüber nach Formentera. Ein Highlight! Sehr gespannt darf man auf Ibizas ersten Parador sein, der hier oben – mit grandiosem Ausblick – im alten Castillo de la Almudaina entsteht.

HOTEL MIRADOR DE DALT VILA

So prächtig und imposant wie die befestigte Altstadt mit der Kathedrale und den massiven Festungsmauern auf dem Hügel über der Stadt thront, so herrschaftlich liegt das Hotel Mirador mitten in Dalt Vila. Vor der Tür zieren vier elegante, hochgewachsene Palmen das ruhige, ehrwürdige Sträßchen und verbreiten eine nonchalante, mediterran gediegene Atmosphäre. Niemand würde vermuten, dass nur wenige Schritte unterhalb in den Straßen der Stadt das Leben tobt. Von hier oben ist der Blick erhaben – bis hinüber nach Formentera sowie auf die Bucht und den Hafen. Es herrscht eine Ruhe, als wäre die zum Weltkulturerbe geadelte Altstadt Dalt Vila der Betriebsamkeit Ibizas enthoben. Das Hotel selbst ist eine konservative, exquisite Stadtunterkunft. Ausgezeichnete Materialien, beste Betten und Bäder versüßen die Businessatmosphäre im engen Interieur. Die Terrasse mit dem Pool ist auf wenigen Quadratmetern geschickt in Szene gesetzt. Auch der Speiseraum, in dem vorzügliche Küche angeboten wird, und die Bar werden auf engstem Raum inszeniert. Privatsphäre steht hier im Vordergrund. Entspannt und angenehm lässt es sich am Abend vor dem Hotel auf dem Sträßchen unter den Palmen sitzen, um den Tag in aller Ruhe mit einem Cocktail ausklingen zu lassen.

1 Hotel Mirador de Dalt Vila Adresse: Plaça d'Espanya 4, Dalt Vila, 07800 Eivissa Tel: 0034 971 303045
Internet: www.hotelmiradoribiza.com Preise: DZ 290 – 1600 Euro

HOTEL LA VENTANA

Viel spleeniger, lässiger und lockerer geht es im Hotel La Ventana zu. Allein die kleine Dachterrasse ist einen Aufenthalt wert, ein wunderbarer Ort zum Chillen und um Leute kennenzulernen. Unter einem Stoffdach kann man es sich wie in einem Nomadenlager in den Kissen bequem machen und den Stimmen aus der Altstadt lauschen. Das Hotel La Ventana liegt auf halber Höhe – pittoresk und schön an einem winzigen Platz hinter der alten Stadtmauer mitten in Dalt Vila. Rechts und links befinden sich weitere Restaurants mit vielen Tischen zum Draußensitzen. Wer keinen Fuß mehr vor das Hotel setzen möchte, kann unten in dem gut besuchten Restaurant essen. Deutlich mehr ist hier los als ein paar Straßen weiter oben. Auch als Ausgangspunkt fürs Nachtleben Ibizas ist die Lage ganz gut. Bis zur Rampa a Dalt Vila, dem Übergang in die Neustadt, sind es nur ein paar Schritte. Die Zimmer sind eklektisch eingerichtet und verbreiten eine charmante Boheme-Atmosphäre. Beim Komfort sind kleine Abstriche zu machen.

2 Hotel La Ventana Adresse: Carrer de sa Carrossa 13, Dalt Vila, 07800 Eivissa   Tel: 0034 971 390857   Internet: www.laventanaibiza.com
Preise: DZ 85 – 395 Euro

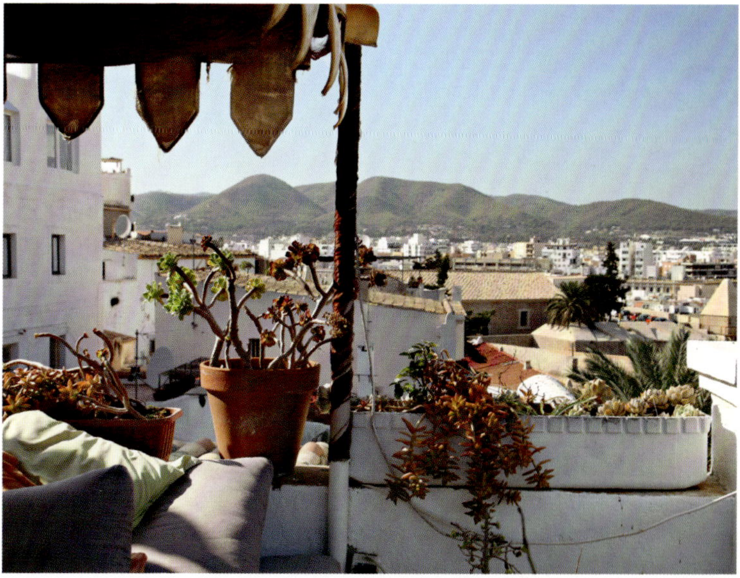

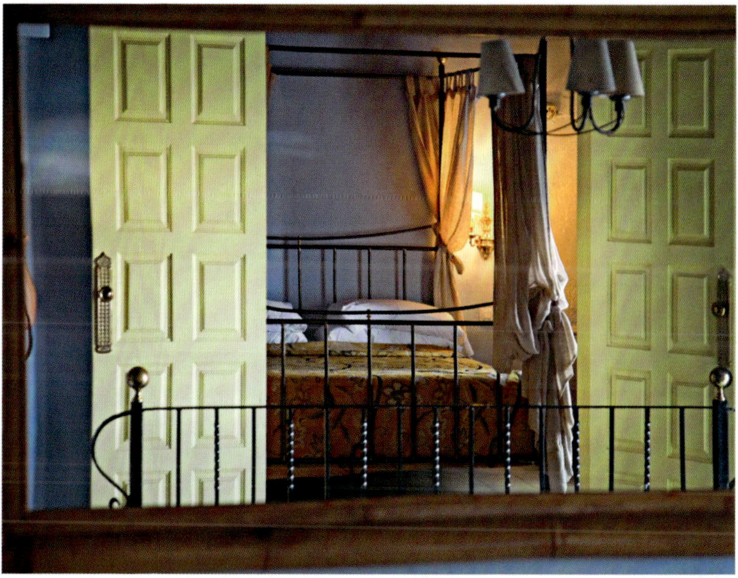

COMIDAS SAN JUAN

Gott und die Welt trifft sich in dem kleinen Restaurant in einer der engen Straßen von Eivissa. Die Tische sind in der Hochsaison bereits wenige Augenblicke nach dem Öffnen des Lokals voll belegt. Kurz darauf bilden sich erste Menschentrauben zu beiden Straßenseiten des Lokals. Wer noch einen freien Stuhl erwischt, darf sich aber überall dazusetzen. Das gehört zum Konzept des Familienrestaurants, das bereits in der dritten Generation geführt wird. Als der Großvater das Lokal eröffnete, kamen Händler hierher, die ihre Waren zum nahegelegenen Markt brachten, dort einkauften und sich danach im San Juan stärkten. Mittlerweile essen hier alle, Familien, Hippies, Hippe, Handwerker, Geschäftsleute, Touristen. Das liegt am guten Ruf des Lokals und an den sensationell günstigen Preisen. Fast nirgends auf Ibiza gibt es etwas gutes Warmes für so wenig Geld. Dabei kommt das Essen so manchem viel zu schnell auf den Tisch, denn zu gucken gibt es in dem bunten Trubel mehr als genug. Kaum jemand bleibt jedoch in Anbetracht der vielen Wartenden nach dem Essen lange sitzen. Die Tortillas sind zu empfehlen, auch der Fisch. Ein guter Platz, um mit einem einfachen, deftigen Gericht in die langen Nächte Ibizas zu starten.

3 Comidas San Juan Adresse: Carrer de Guillem de Montgri, 07800 Eivissa
Tel: 0034 971 311603 Öffnungszeiten: Montag – Samstag 13.00 – 15.30 Uhr
und 20.30 – 23.00 Uhr, Sonntag geschlossen

☞ Croissanteria

Die Lage des Cafés ist nicht zu toppen: im Gewusel zwischen all den Einkaufsstraßen am kleinen, alten Marktplatz und dann auch noch am Fuße der beeindruckenden Rampa a Dalt Vila. Ein wunderbarer Ort, um von den kleinen
Tischchen aus bei einem Kaffee und etwas Süßem dem Treiben in den Stra
ßen und an den überschaubaren pittoresken Marktständen zuzusehen. Ein
bunter Mix an Leuten trifft sich hier. Und wer sich an den vielen Gesichtern
sattgesehen hat, braucht einfach nur den Blick zu heben und bekommt die
herrliche Altstadt Dalt Vila mit ihren dicken Mauern als Zugabe obendrein.

Adresse: Plaça de la Constitució 2, Mercado Viejo, 07800 Eivissa
Tel: 0034 971 317665, Öffnungszeiten: Täglich 6.00 – 24.00 Uhr

EL CHIRINGUITO

Selten ist ein Name täuschender gewählt als dieser: Chiringuito verheißt eigentlich eine kleine, aus Holz zusammengezimmerte Strandbude, in der es Erfrischungsgetränke und Cocktails gibt, bisweilen auch eine begrenzte Auswahl an einfachen Fischgerichten. Dieser elegante, lässige und sehr große Chiringuito vor den Toren der Stadt dagegen lässt keine Wünsche offen. Die Auswahl an frisch gepressten Säften, Cafés bis hin zu Schampus und Cocktails ist wunderbar. Auf den Day-Lounge-Betten können sie herrlich lässig relaxen – oder auch in den Liegen am Strand. An manchen Tagen legen DJs auf. Die Karte könnte man sich glatt über den eigenen Herd hängen, denn fast alle frischen, leichten Lieblingsgerichte sind auf ihr versammelt. Ein heller, freundlicher und großzügiger Ort, um in wenigen Minuten westlich von Eivissa unter den Schönen und Reichen einen Strandtag einzulegen. Der Strand ist in diesem Fall weniger die Hauptattraktion als das El Chiringuito selbst. Das Schönste: Anders als viele Beach-Clubs in der Nähe der Stadt liegt es allein an einem Strandabschnitt. So erspart man sich das Gedränge auf den nervigen und hässlichen Großparkplätzen. Und Kurzentschlossene können sich an der kleinen Bude vor dem Beach-Club sogar noch mit wunderschönen Strandtüchern und auch Badesachen eindecken.

---

④ El Chiringuito Adresse: Es Cavallet, Sa Revleta,
07830 Sant Josep de sa Talaia
Tel: 0034 971 395355 Internet: www.elchiringuitoibiza.com
Öffnungszeiten: Täglich 10.00 – 22.00 Uhr

EVERYBODY

Östlich der Stadt liegt das Gegenstück zum El Chiringuito: Das Everybody ist eine Strandbude, die ihren Namen verdient. Ein wunderbarer, authentischer Ort mit frischen einfachen Fischgerichten. Versteckt liegt die kleine Bude eine Ecke hinter den Felsen und dem Parkplatz des schickeren Restaurants Sa Punta. Insider kennen die Bude unter verschiedensten Namen. Offiziell heißt sie Everybody – viele nennen sie aber auch Chiringuito Sa Punta oder Paco y Maria oder Sa Puntita. Wer sie nicht auf Anhieb findet, sei getröstet: So erging es den meisten vor Ihnen. Am besten fragen Sie dann im Restaurant Sa Punta nach dem Chiringuito Sa Punta oder eben nach Paco y Maria oder Sa Puntita oder Everybody ... Wer aber den Weg hierher einmal gefunden hat, wird immer wieder zurückkehren wollen. Eine coolere Imbissbude findet sich nirgendwo in Ibiza-Stadt. Während die Fischlein brutzeln, ziehen viele Gäste sich hinter den Felsen flugs um und springen noch mal eben ins Wasser, um eine Runde im Meer zu drehen. Einfach herrlich! Über eine kleine, in den Felsen verankerte Metallleiter können Sie übrigens wieder sicher aus dem Wasser steigen. Bereits seit 33 Jahren wird die Strandbude kurz vor Ostern auf- und Mitte Oktober wieder abgebaut. Mittlerweile gehört sie zu den Klassikern rund um die Stadt!

5 Everybody Adresse: Punta de Sant Andreus,
07819 Es Puet de Talamanca
Öffnungszeiten: Täglich 11.30 – 24.00 Uhr, Küche 13.00 – 23.00 Uhr

FORMENTERA

Die traumschönsten Mittelmeerstände Spaniens liegen auf Formentera. Provinzieller, ruhiger als ihr großer Nachbar Ibiza ist die kleine Insel, jedoch auch entspannter und karibischer. Die herrlichen Strände sind nicht überlaufen und verbreiten rund um die klapprigen Strandbuden ein unvergleichliches Flair von Freiheit und Gelassenheit. Schon direkt am Hafen können Sie sich einen Motorroller mieten, um die Insel mit wehenden Haaren ganz für sich zu entdecken. Im Naturschutzgebiet, dem schmalen, langen Landzipfel ganz im Norden, liegt der allerschönste Strand, die Platja de ses Illetes. Wie in der Karibik leuchtet hier das Meer – und schaukeln teure Luxusjachten auf den Wellen. Die Reichen und Schönen räkeln sich auf dieser windigen und atemberaubenden Landzunge am Strand und lassen sich im Juan y Andrea exquisite Fische in Salzkruste schmecken. Im Süden, an der schier kilometerlangen Platja de Migjorn, befindet sich alles, was die Inseln früher einmal ausgezeichnet hat: schöne Strände und ein angenehm buntes Laissez-faire. Im Osten hat man vom einzigen Hügel aus einen herrlichen Blick über die sonst fast durchgängig flache Insel. Und je weiter östlich man fährt, desto einsamer, romantischer und wilder wird die Hochebene bis hin zum Far de la Mola. Auf den Klippen in der Nähe des Leuchtturms wie Jules Vernes zu sitzen, am Ende der Welt, aufs Meer zu schauen, den Vögeln und dem Wind zu lauschen ist wie eine Meditation. Ihr Gegenstück, die Hochebene im Westen mit dem Leuchtturm Far de Barbaria, dem Wahrzeichen der Insel, ist ebenso reizvoll und seit „Lucia und der Sex" sogar cineastisch berühmt.

ECO-RESORT ES RAM

Italienisches Gefühl für Design sowie Geld und Erfahrung von Equinoxe haben einen lässigen, stilsicheren und unendlich erholsamen Ort entstehen lassen. Vollkommen abgeschieden vom Rest der Zivilisation stehen kleine, mit viel Holz und groben hellen Baumwollstoffen eingerichtete Ferienhäuser verstreut oberhalb des Meeres zwischen den Pinien. Ein Highlight sind allein schon die auf dem felsigen Grund einsam über dem Meer stehenden Day-Lounge-Betten. Es gibt kaum einen schöneren Ort, um mit einem Buch in der Hand ganze Tage oberhalb der rauschenden Wellen dort auf den bequemen Polstern zu liegen oder sich gegenseitig das Leben zu erzählen. Als Rückzugsort ist das Eco-Resort Es Ram auf Formentera unübertroffen. Einziger Wermutstropfen: Der Meereszugang zum Baden ist felsig. Die nächsten Badebuchten erreichen Sie allerdings leicht mit einem Spaziergang auf den Klippen. In Anbetracht dessen ist der sehr hübsch mit einer Holzterrasse angelegte Pool vielleicht ein bisschen klein geraten. Und da die Rezeption dieses luxuriös komfortablen Ferienparadieses in Turin liegt, fehlt es der fantastischen Anlage auch ein wenig an Seele. Dafür werden Sie mit makellosem unprätentiösem Stil und einem guten Frühstücksbuffet auf der Terrasse entschädigt. In der Hochsaison können Sie die schönen Häuser nur wochenweise mieten, in der Nebensaison auch für einzelne Nächte.

6 Eco-Resort Es Ram Adresse: Camin del Ram Km 13
Tel: 0034 971 948427 Internet: www.esramresort.com
Buchung einzig über: Equinoxe, Via dei Mille 18, 10123 Turin – Italien
Tel: 0039 011 8185211 Internet: www.equinoxe.it

HOTEL ES MARÈS

Keine Unterkunft auf der Insel führt tiefer ins Herz Formenteras als das neu eröffnete Hotel Es Marès. Es ist das einzige Hotel dieser Kategorie, das von einer Familie aus Formentera betrieben wird. Kein Wunder also, dass die Honoratioren ihren Kaffee auf der Terrasse des Stadthotels trinken. Wer lange genug hierbleibt, lernt alle kennen, die auf der Insel etwas zu sagen haben. Mit dem Luxushotel hat sich die sehr liebenswerte Familie einen Traum erfüllt. Jahrelang betrieben sie die einfache Bar Centro schräg gegenüber, den Treffpunkt der Stadt. Nun haben sie den vielen ausländischen Unterkünften und Restaurants auf der Insel ein Spitzenhotel „made in Formentera" entgegengesetzt. Die Räume sind hell, freundlich und komfortabel. Die Lage in der Nähe der Kirche und des zentralen Platzes ist nicht nur schön, sondern auch ungewöhnlich für die Insel: Es ist vermutlich das einzige größere Hotel Formenteras, das nicht an einem Strand gelegen ist oder zumindest Meerblick bietet. Dafür gibt es einen kleinen Garten mit einem ebenso kleinen Pool für alle, die sich zwischendurch eine Abkühlung gönnen wollen, sowie ein umfassendes Wellness-Angebot – und das Gefühl, bei Einheimischen auf Formentera zu Gast zu sein.

7 Hotel Es Marès Adresse: Carrer de Santa Mariá 15,
07860 Sant Francesc de Formentera
Tel: 0034 971 323216 Internet: www.hotelesmares.com
Preise: DZ 190 – 590 Euro

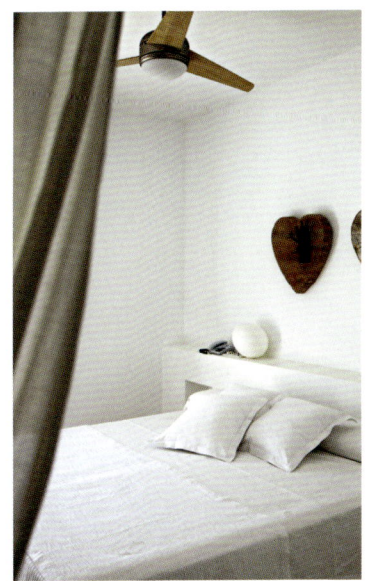

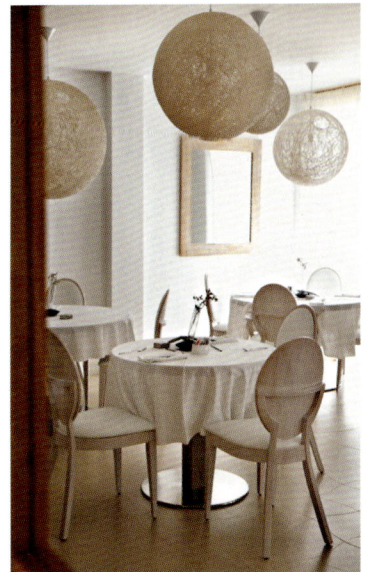

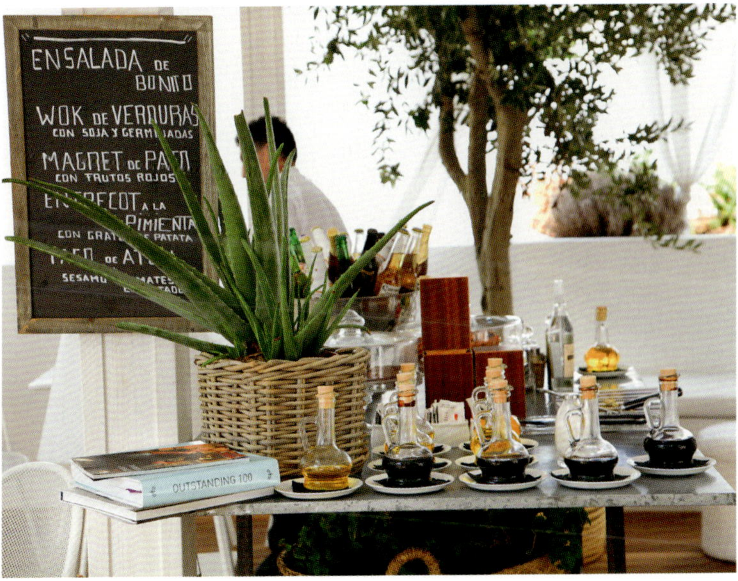
ENSALADA DE BONITO
WOK DE VERDURAS
CON FRUTOS ROJOS
OUTSTANDING 100

GRANIZADOS

CAFE

Limón

Naranja

HORCHATA

☞ Bar Centro

In der Bar Centro ist den ganzen Tag die Hölle los. Wohl nirgends auf der Insel ist der Anteil an Einheimischen unter den Touristen so hoch wie hier. Die Bar liegt gegenüber der pittoresken und sehenswerten Kirche mitten im Zentrum. Sie ist in Sant Francesc the place to be – egal ob für den Kaffee am Morgen, einen Bocadillo am Mittag oder den Aperitif am Abend. Hier treffen sich alle. Eine authentische spanische Bar in einem der ältesten Gebäude der Stadt. Dieser lebendige Ort mit einer gehörigen Portion Patina gehört übrigens den Besitzern des neuen, sehr viel eleganteren Hotels Es Marès.

Adresse: Plaça de la Constitució 3, 07860 Sant Francesc de Formentera
Tel: 0034 971 322063
Öffnungszeiten: Täglich 7.30 – 24.00 Uhr

JUAN Y ANDREA

Sich einmal auf Formentera wie auf der Titelseite der Gala fühlen! Das geht nur im Juan y Andrea. Ein herrlicher Ort der Reichen und Schönen mit großer Promi-Dichte und sehr guten Fischgerichten. Dabei fing alles ganz klein an. Jahrelang hüteten Juan und Andrea die menschenleere, winzige benachbarte Insel S'Espalmador. Viel später, 1972, kam Juan als Fischer aus Formentera auf die Idee, sich mit einem kleinen Strandrestaurant am schönsten Strand Formenteras einen Nebenverdienst zu sichern – an der Platja de ses Illetes. Damals war ihre Strandbude ausschließlich mit dem Boot zu erreichen und schwer zugänglich, umso schneller entwickelte sie sich zum Geheimtipp. Juan fuhr aufs Meer hinaus zum Fischen und Andrea bereitete typische, einfache Gerichte aus dem frischen Fang zu. Noch heute fahren viele Gäste mit ihren Jachten vor und werden dann mit dem restauranteigenen Motorboot an Land chauffiert. Die etwas zerzausten vier Palmen sind das Wahrzeichen des Restaurants geworden und übrigens die einzigen Palmen auf der spitzen nördlichsten Inselzunge. Im Sand stehen einfache Holztische. Nirgends ist das Wasser klarer, sind die Farben karibischer als an der Platja de ses Illetes. Die Kellner laufen in weißen T-Shirts und weißen Hosen barfuß durch den Sand. Ein exklusives, lebendiges, nicht ganz preiswertes Jetset-Restaurant ist aus der improvisierten Strandbude der Siebzigerjahre geworden. Herausragend sind die Doraden (Dorada a la Sal) und Wolfsbarsche (Lubin a la Sal) in Meersalzkruste.

8 Juan y Andrea Adresse: Platja de ses Illetes,
07860 Sant Francesc de Formentera
Tel: 0034 971 187130 Internet: www.juanyandrea.com

Fisch in Meersalzkruste
Für 4 Personen

Den Fisch waschen und trocken tupfen. Mit den Kräutern die Bauchhöhle füllen. Das Backblech mit Alufolie auslegen, sodass sie an allen Seiten 30 cm übersteht und man mit ihr einen Rand für das Salz und den Fisch basteln kann. Eine 2 cm hohe Salzschicht auf die Alufolie streuen. Den vorbereiteten Fisch auf das Salzbett legen und mit ebenso viel Salz bedecken. Etwas Wasser auf das Salz sprenkeln, damit die Kruste fester wird.

Für einen Fisch von einem Kilogramm Gewicht rechnet man eine Garzeit von 20 – 30 Minuten bei 200 Grad auf der mittleren Schiene des Ofens. Bei schwereren Fischen für jede 500 Gramm eine Viertelstunde addieren. Anschließend den Fisch 15 Minuten ruhen lassen.

Klopfen Sie am Tisch die obere Salzschicht auf, ohne die Haut des Fisches zu verletzen. Die Fische behalten ihre natürliche Feuchtigkeit und schmecken unvergleichlich saftig, zart und leicht.

1 ganzer Wolfsbarsch
oder 1 ganze Dorade
2,5 bis 3 kg grobes Meersalz
(je nach Größe des Fischs)
frische Kräuter
(z.B. Koriander, Basilikum,
Petersilie, Lorbeerblätter
oder Dill)

PATATES BRAVES

5'60 €

CONTRASENYA WIFI
Z404A03B8AA99

CAN TONI

Die Bar Can Toni hat sich ein neues Outfit zugelegt. Ehemals war das Can Toni der Treffpunkt von Alt und Jung, das charmante Lokal des Ortes. Jetzt haben drei junge Spanier das sehr sympathische Restaurant übernommen und ihm eine Prise modernen, schlichten Designs verpasst. Die Gäste sind jünger geworden und der Internetzugang ist vermutlich der schnellste auf der ganzen Insel. Junge Köche arbeiten mit besten regionalen Zutaten und bieten eine moderne, ungekünstelte Variante spanischer wie auch internationaler Küche an. Die aktuellen Tagesgerichte werden auf eine Schiefertafel geschrieben. Jeden Tag gibt es nur wenige Gerichte und auch nur, solange der Vorrat reicht. Der Innenraum mit seinen hellen Kiefernholztischen und der dunklen Holzvertäfelung ist schlicht und einfach, deutlich moderner als zuvor, ohne bis ins Letzte konsequent designt zu sein. Die Stimmung und das Essen sind eher unprätentiös. Einige Tische stehen draußen an der Straße, die zum Leuchtturm Far de la Mola führt.

9 Can Toni Adresse: 07871 El Pilar de la Mola, Formentera
Tel: 0034 971 327377 Internet: www.cantoniformentera.com
Öffnungszeiten: Mittwoch und Donnerstag 17.00 – 23.00 Uhr,
Freitag – Sonntag 12.00 – 23.00 Uhr, Montag und Dienstag geschlossen

Meleta
Enteros Extra
18/24 FRUTOS

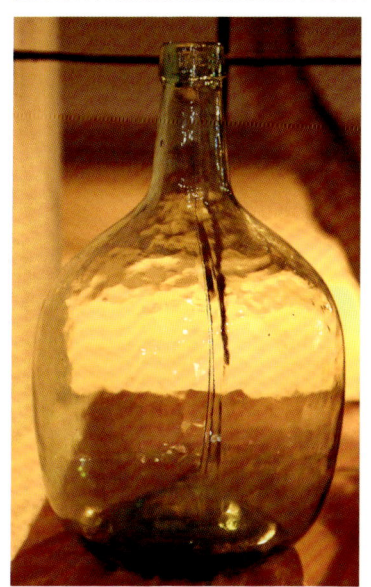

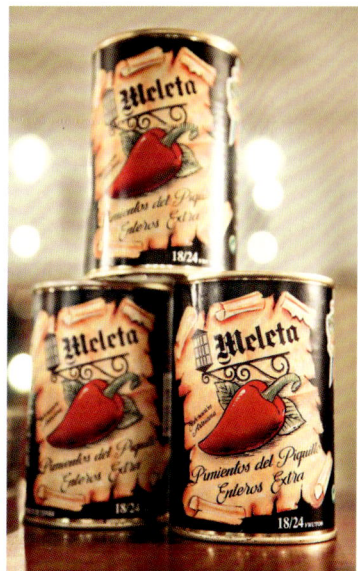

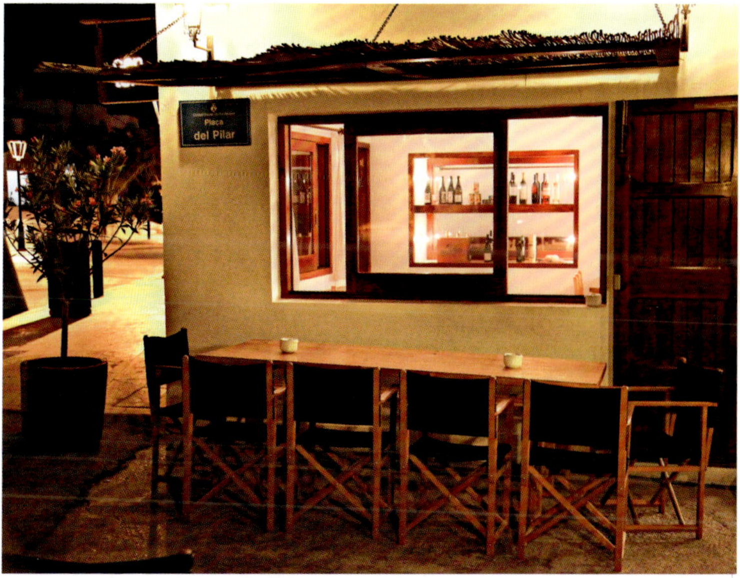
Plaça
del Pilar

☞ El Mirador

Der Blick über Formentera ist bombastisch. Die flache Insel liegt fast vollständig vor einem. Die Terrasse ist spießig? Egal. Der Blick auf das Meer und die Insel ist einfach himmlisch. Das Interieur des großen, alten, unaufgeregten El Miradors ist tatsächlich eher unspektakulär, dafür urspanisch. Niemand käme aber auch hierher, um sich in das große Restaurant zu setzen. Die Plätze auf der Terrasse dagegen sind heiß begehrt. Da spielt es keine Rolle, dass sie eher den Charme eines Ausflugslokals besitzt. Das El Mirador ist ein wunderbarer Ort, um bei einem Bocadillo oder dem hausgemachten Kräuterschnaps den Blick schweifen zu lassen. Für den größeren Hunger sind die Paella und die Fischgerichte zu empfehlen.

Adresse: Carretera de la Savina al Faro de la Mola Km 14,3
Tel: 0034 971 327037
Öffnungszeiten: Ostern – Oktober täglich 13.00 – 16.00 Uhr
und 19.30 – 23.00 Uhr

SA PLATGETA

Die Platja de Migjorn leuchtet nicht ganz so karibisch und ist weniger spektakulär als die allerschönsten Strände Formenteras, dafür geht es hier sehr relaxed zu. Rund um die Strandbude Sunsplash tummelt sich eine erfrischend bunte Mischung an Leuten und es gibt viel zu sehen. Auf relativ engem Raum findet sich alles, was das Herz begehrt. Weite Sandstrände, ideal für Kinder wie auch für Nackedeis, eine lässige Strandbude und das herrlich unprätentiöse Strandrestaurant Sa Platgeta. Rote Stühle, Holztische und weiße Plastiktische stehen versteckt unter einem Strohdach und Schatten spendenden Bäumen, wo Familien und Freunde in großer Runde ausgiebig tafeln. Hinter den Sträuchern und Bäumen lugt funkelnd und glitzernd das Meer hervor. Die Fische sind superfrisch – köstlich beispielsweise die frittierten Baby-Kalamares, Chipirones rebozados, aber auch das Bullit de Peix. Überhaupt sind alle typischen, einfachen Fischgerichte zu empfehlen. Sehr versteckt, sehr einfach, sehr schön! Hoher Strand- und Wohlfühlfaktor!

10 Sa Platgeta Adresse: 07870 Platja de Migjorn, Formentera
Tel: 0034 971 187614 Internet: www.saplatgeta.com
Öffnungszeiten: Ostern – Mitte Oktober täglich 13.00 – 22.30 Uhr

☞ Sunsplash

Wer glaubt, Freaks und Hippies gäbe es allein auf Ibiza, der war noch nicht an der Platja de Migjorn. Rund um die Strandbude Sunsplash tummelt sich an dem weitläufigen Sandstrand eine lustige Mischung an Leuten. Auch viele Familien mit Kindern sind darunter. Wer Lust hat, kann sich streifenfrei bräunen und nackt ins Wasser hüpfen. Im Sunsplash, einem Strandkiosk mit grüner Rückwand, blauen Holztischen und gelben Plastikstühlen, bekommen Sie alle erdenklichen Erfrischungsgetränke oder einen Kaffee und zum Sonnenuntergang natürlich einen Aperitif oder Cocktail. Garantiert eine der lässigsten Strandbars Formenteras!

Adresse: Carretera de Can Mari, 07871 Platja de Migjorn, Formentera
Öffnungszeiten: Täglich 12.00 Uhr – Sonnenuntergang

DER FEURIGE WESTEN

Die legendären Sonnenuntergänge haben DJs vor ein paar Jahren zur ibiza-typischen Chill-out- und Lounge-Musik inspiriert, die hier auf den letzten Sonnenstrahl in der Abenddämmerung abgemischt wird. Leuchtende, fast karibische Farben hat das Wasser, die Strände gehen seicht ins Meer und die Kulisse ist mit den vorgelagerten winzigen Inseln und Felsen spektakulär. Wenn sich dann noch der Himmel rot verfärbt und der leuchtende Sonnenball am Horizont versinkt, kommt Gänsehaut-Feeling auf. Die Platjes de ses Comptes sind ein Strand-Highlight Ibizas. Auch gastronomisch ist Ibizas Westen fast unschlagbar: In Buchten, die viel einsamer sind, als es der an sich feierwütige Südwesten der Insel vermuten lassen würde, liegen zwei der allerbesten Fischrestaurants. Egal, ob Sie sich im einfachen Restaurante Ses Boques oder im eleganten Es Torrent an die am Strand stehenden Tische setzen, Sie werden mit frischesten, allerbesten Fischgerichten verwöhnt. Das Ballungsgebiet um Sant Antoni hat sich vom Fischerdorf zum Feierbiest für die Jugend entwickelt. Dagegen ist Sant Josep ein lebendiges, ziemlich normales ibizenkisches Städtchen geblieben mit einigen sehr schönen Übernachtungsmöglichkeiten. Weiter im Süden reihen sich die legendären Beach-Clubs zum Chillen und Feiern aneinander.

CAN XUXU

Eine stylishe kleine indonesische Oase hat der Schweizer Modedesigner Alexandre Narakas in der eher karstigen Umgebung von Sant Josep kreiert. Hohe Palmen, Teehäuser aus Java, Day-Lounge-Betten, ein funkelnder, leuchtender Pool. Wer Mikrokosmen und Lifestyle zu schätzen weiß, wird dieses Little Bali auf Ibiza lieben. Die großzügige Anlage ist eine lässig verwunschene Welt, eine Illusion der Tropen auf Ibiza, ohne in den kommerziellen Kitsch manch professioneller Clubanlagen abzugleiten. Mehr Pärchen- und Lifestyle-Oase, weitläufig und ruhig. Kaum einem Menschen begegnet man in dem herrlichen Garten, den vor 20 Jahren ein Landschaftsarchitekt anlegte, dafür den zwei schönen, frei laufenden Hunden. Vogelgezwitscher, hier und da der Ruf eines Uhus ... Von der Dachterrasse der Suite „Parma" aus eröffnet sich der Blick auf den Sonnenuntergang und in der Ferne aufs Meer. Fernöstliches Flair prägt die Anlage, weite Teile des Can Xuxu sind mit viel Holz und Stein und hellen groben Baumwollstoffen eingerichtet, die meisten Zimmer im europäisch internationalen Stil. Das Frühstück mit ausgewählten Produkten wird an der Bar am Pool serviert. Ein wunderbarer Ort, um auch mal einen ganzen Tag locker am Pool zu verbringen.

11 Can Xuxu Adresse: Avinguda de la Cala Tarida,
07829 Sant Josep de sa Talaia
Tel: 0034 971 801584 Internet: www.canxuxu.com
Preise: DZ 170 – 470 Euro

Ein Gespräch mit Alexandre Narakas

Inhaber des Can Xuxu

Wie kamst Du auf die Idee, Little Bali nach Ibiza zu holen?

Zufällig. Als ich 2006 aus Paris nach Ibiza kam und begann, auf unserem Familienanwesen sechs Zimmer zu vermieten, machte mir das viel mehr Spaß, als ich gedacht hätte. Es fühlte sich an, als würde ich mit lauter Freunden einen wundervollen Sommer verbringen. Die Zimmer waren nonstop ausgebucht. Wir brauchten mehr Möglichkeiten, nette Menschen unterzubringen, und da brachte mich ein Freund auf die Idee mit den Teehäusern aus Java. Da sie in Containern aus Indonesien nach Ibiza transportiert wurden, packte ich gleich noch viel mehr Möbel und Deko-Stücke dazu. Mittlerweile bin ich jedes Jahr in Indonesien und vertreibe die Teehäuser sogar in Europa. Auch dadurch wurde das Ambiente des Can Xuxu nach und nach exotischer.

Wie nahmen die Gäste die indonesischen Holzhäuser auf Ibiza an?

Sehr gut, sie waren bereits reserviert und vermietet, bevor sie überhaupt im Can Xuxu standen. Drei Wochen hatte ich Zeit zum Aufbauen, um die Reservierungen einzuhalten. Wir waren alle begeistert. Die Holzhäuser sind wunderschön und passen perfekt in die Terrassenlandschaft. Sie sehen aus, als hätte ein Designer sie extra für das Can Xuxu entworfen. Mir gefällt außerdem, dass mein Zuhause immer mehr zu einem Ausdruck meines Lebens und meiner Reisen wird.

Mieten sich vor allem Freunde aus aller Welt ein?

Lauter nette Menschen, vor allem zwischen 30 und 50, fast alle kinderlos, würde ich sagen, die diesen Ort zu nutzen verstehen, um sich gegenseitig in dem exotischen Ambiente ein paar herrliche Tage zu bereiten.

LOS JARDINES DE PALERM

Das Los Jardines de Palerm ist ein wundervoller Ort. Ein belgischer Modefotograf hat die Finca aus dem 17. Jahrhundert, zugleich eine der ältesten und beliebtesten Privatunterkünfte auf der Insel, mit seiner Frau stilsicher modernisiert. Die Mischung aus Finca und Designhotel ist ästhetisch gelungen. Klare Architektur, minimalistisch, reduziert, licht, weiß. Alle Zimmer sind sehr schön, in den Betten schläft es sich himmlisch. Ideal für Kreative und Pärchen. Auch die Kunst in den Nischen und an den Wänden ist stimmig ausgesucht und schön. Ein leuchtender Pool, eingelassen in eine klare Fläche, die über dem Kiesboden zu schweben oder zu liegen scheint, verbindet alle neun Zimmer. In der Ferne funkelt dazu das Meer. Der Platz um den Pool herum ist Treffpunkt und Cill-out-Area in einem. Hier steht auch der Kühlschrank, aus dem sich alle Gäste bedienen können. Bezahlt wird später. Wer lieber allein seine Bahnen ziehen möchte, kann dies in einem zweiten, etwas versteckten, abseits im Garten gelegenen Pool tun. Das Los Jardines de Palerm ist fast wie eine kleine Welt für sich, bloß dass sie nur wenige Minuten zu Fuß vom Zentrum Sant Joseps entfernt liegt. Ein sehr angenehmes, freundliches Refugium, in dem sich die überaus sympathische belgische Familie wunderbar unaufdringlich um ihre Gäste kümmert.

---

12 Los Jardines de Palerm   Adresse: Can Pujol d'En Cardona 34,
07830 Sant Josep de sa Talaia
Tel: 0034 971 800318   Internet: www.jardinesdepalerm.com
Preise: DZ 175 – 460 Euro

DESTINO TAPAS BAR

Stimmengetöse und Gewusel in und vor der Tapas Bar Destino. Hier fühlt man sich nicht nur wie auf Ibiza, sondern spürt, dass die Insel ein Teil Spaniens ist. Dabei gehört dieser urspanisch wirkende Ort einer deutsch-marokkanisch-spanischen Familie aus Wiesbaden. Die Eltern haben sich mittlerweile zur Ruhe gesetzt, der Sohn hat den quirligen Laden übernommen. Ein blutjunges Team hat er um sich geschart, das gut zu der Energie des Lokals passt. Der Laden brummt nämlich. In Sant Josep gibt es keine bessere Tapas-Bar. In Trauben stehen Wartende um das Destino herum. Ein buntes, internationales Publikum versammelt sich hier. Die Wartezeiten sind nicht allzu lang, und das Tapas-Paradies liegt auch noch hübsch an einem kleinen Platz mit Pinien – zu gucken gibt es in all dem Trubel mehr als genug. An klassischen Tapas findet sich über- und nebeneinandergestapelt in den Vitrinen so ziemlich alles, was das Herz begehrt. Die Renner sind Spinat mit Rosinen und Pinienkernen sowie Lauch mit Kokos. Freitags ist auch Couscous sehr beliebt, ihn gibt es allerdings nur auf Vorbestellung. Überhaupt: für abends unbedingt einen Tisch vorher reservieren!

13 Destino Tapas Bar Adresse: Carrer de sa Talaia 15, 07830 Sant Josep de sa Talaia Tel: 0034 971 800341 Öffnungszeiten: Montag – Samstag 13.00 – 1.00 Uhr

SES BOQUES

Kurve um Kurve schlängelt sich die Straße schier endlos bergab, bis mit einem Mal das Strandrestaurant Ses Boques versteckt in Es Cubells vor einem liegt. Köstliche Fischgerichte werden hier direkt am Strand frisch zubereitet. Ein Fischer fährt täglich mit seinem Profiboot hinaus aufs Meer und beliefert exklusiv das Restaurant seines Schwagers. Frischeren Fisch bekommen Sie nirgendwo sonst. Die beste Paella der ganzen Insel wird in dem unprätentiösen Familienrestaurant auf den Tisch gezaubert und selbst die Sangria ist inselweit unübertroffen. Dabei stehen auf einer rustikalen Holzterrasse lediglich ein paar einfache Holztische unter einem Schilfdach und den Pinien. Die Papieruntersetzer hat ein Künstler zum Dank für das leckere Essen und die schönen Stunden am Meer entworfen. So liebenswert nonchalant das Restaurant und die Gäste auch sein mögen, selbst teure und exquisite Langusten können Sie hier bekommen und natürlich Fische in allen Varianten, gegrillt, gebraten oder duftend aus dem Ofen. Dazu werden leckere, hausgemachte Kartoffelchips gereicht. In der einsamen Bucht sind ein paar Liegen am Strand aufgebaut. Während der Fisch im Ofen gart, können Sie schnell noch am Kieselstrand ins Meer hüpfen und eine Runde schwimmen.

14 Ses Boques Adresse: 07839 Es Cubells
Tel: 0034 606 081570 Öffnungszeiten: Mai – Oktober täglich 13.00 – 15.00 Uhr
und 19.00 – 22.00 Uhr

Ein Gespräch
mit dem Inhaber des Ses Boques

Ihr Restaurant erinnert ein wenig an Träumereien im Stil eines Robinson Crusoe ...
Ah, ja? Mein Vater ist hier groß geworden. Er liebte diese Bucht. Er war ein einfacher Handwerker, begriff aber schnell, dass sich der Tourismus auf der Insel explosionsartig entwickeln würde. Also baute er in den Siebzigerjahren dieses Restaurant in seiner Lieblingsbucht. Wir mögen es sehr und haben eigentlich fast nichts verändert. Nur gestrichen wird es jedes Jahr neu. Auf der Insel gibt es fast kein Restaurant dieser Art mehr. Unser Sohn wird es übernehmen, aber danach dürfte es vermutlich auch hier damit vorbei sein.

Wie erreichen Sie die hohe Qualität bei den Zutaten, vor allem beim Fisch?
Wir Gastronomen beziehen den Fisch auf der Insel ja mehr oder weniger alle aus denselben Quellen. Ich habe das große Glück, dass mein Schwager Fischer ist und jeden Tag aufs Meer hinausfährt. Er hat ein Profiboot. Sein Fang bildet den Grundstock, sodass wir lediglich hier und da noch ergänzend etwas dazukaufen müssen.

Sonne, Meer und frische Fische ... Fehlt Ihnen das Ses Boques in den langen Wintermonaten sehr?
Ach, ich mache das ganze Jahr über sowieso noch einige andere Dinge nebenher. In der Regel gehe ich gegen 17 Uhr hier los und unterrichte dann Biochemie. Ich bin Lehrer. Und mein Sohn studiert Musik, Gesang und Percussion. Meine Frau lag uns immer in den Ohren damit, wie wichtig Bildung sei.

☞ Es Boldado

Wie der Rücken eines Meeresungeheuers ragen die zwei Felsbrocken in der Bucht aus dem Wasser. Der Blick auf die vorgelagerten Felsen ist spektakulär. Sie verleihen der Landschaft thailändisches Flair, das ein wenig an James-Bond-Filme erinnert. Die Speisekarte und die Belegschaft des Restaurants holen einen aber schnell wieder auf den Boden Spaniens zurück. Alle Klassiker der Inselküche sind auf der Karte des Es Boldado versammelt: Paella, Fischgerichte aller Art, Langusten ... Besonders zu empfehlen ist hier der Arroz negre, ein Reis, der seine schwarze Farbe der Tinte des Tintenfischs verdankt. Am schönsten isst es sich draußen auf der Terrasse. Die meisten Gäste kommen sowieso weniger wegen des Essens hierher als vielmehr wegen der tollen Lage.

Adresse: 07830 Cala d'Hort
Tel: 0034 626 494537
Internet: www.restauranteboldado.net
Öffnungszeiten: Täglich 13.00 – 23.00 Uhr

☞ Es Torrent

Eines der besten Fischrestaurants der Insel liegt direkt am Meer: das Es Torrent. Große, weiß eingedeckte Tafeln stehen auf einer Holzterrasse direkt am Strand. Ein wunderbarer Ort! Beste Muschel- und Fischgerichte gibt es dort. Die ganze Bucht ist meist von etwas älteren, wohlhabenden Paaren und Familien bevölkert. Daher ist es ruhig und beschaulich. Nach dem Schmaus können Sie auf die blauen Liegen unter den Sonnenschirmen aus Stroh umziehen, und schon liegen Sie direkt am Wasser.

Adresse: Platja d'Es Torrent, 07630 Porroig
Tel: 0034 971 802160
Internet: www.estorrent.net
Öffnungszeiten: Täglich 13.00 – 22.00 Uhr

☞ Sunset Ashram

Die Bässe wummern und die Menschen kleben mit ihren Cocktails dicht an dicht auf dem niedrigen Felsen, um im Sunset Ashram Ibizas schönsten Sonnenuntergang zu genießen, während ein DJ ihnen unermüdlich mit elektronischen Rhythmen einheizt. Das Sunset Ashram thront über betörend schönen, häufig überlaufenen Stränden, den Platjes des ses Comptes. Eine Mischung aus Club, Strandbar und Schwimmbadkiosk. Wer keinen Platz mehr an den abgerundeten Tischen oder der Bar, auf den Treppenstufen oder Felsen findet, kann in der Abenddämmerung schnell ins Wasser springen und der untergehenden Sonne entgegenschwimmen.

Adresse: Platjes de ses Comptes, 07829 San Josep de sa Talaia
Tel: 0034 661 347222, Internet: www.sunsetashram.com
Öffnungszeiten: Täglich 10.00 – 24.00 Uhr

☞ S'illa des Bosc

Karibisch leuchten die weißen Strände in der Meereslandschaft mit den vor-
gelagerten Felsen und Inselchen. Die Platjes des ses Comptes sind ein echtes
Strand-Highlight auf Ibiza. Zusammenhängende Buchten, ideal zum Baden.
Allerdings sind sie kein Geheimtipp mehr und sehr gut besucht. Zurückziehen
vom Strandtrubel kann man sich an die weiß eingedeckten Tische des Restaurants S'illa des Bosc, das demselben Besitzer gehört wie das Sunset Ashram.
Das Restaurant lebt von seiner Lage, ist aber auch wirklich ein angenehmer
Ort, um sich in den Korbstühlen auf der schönen Terrasse zwischenzeitlich
ein Fischgericht schmecken zu lassen.

Adresse: Platjes de ses Comptes, 07829 San Josep de sa Talaia
Tel: 0034 971 806161, Internet: www.silladesbosc.com
Öffnungszeiten: Täglich 13.00 – 23.00 Uhr

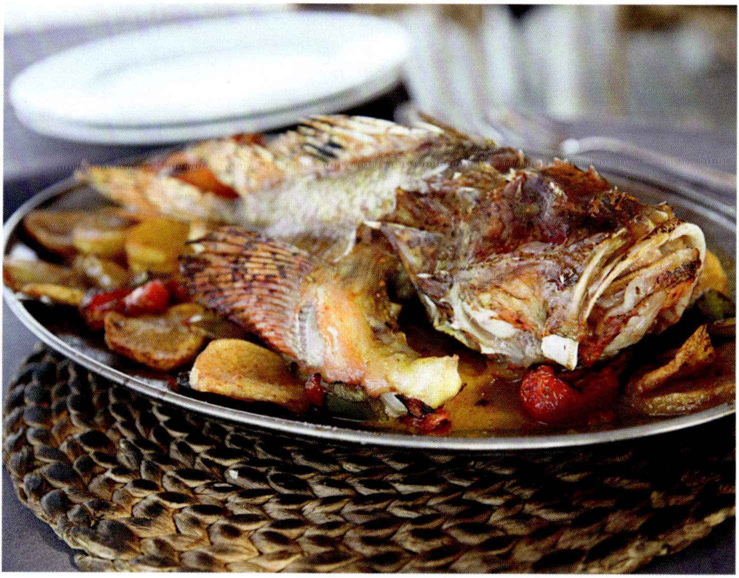

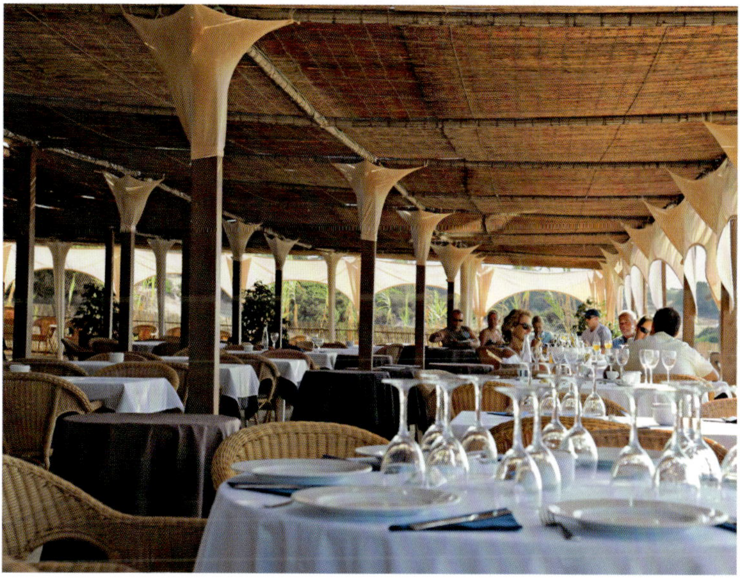

BAR CAN BERRI

Einen Katzensprung nur von Sant Josep entfernt liegt der kleine, idyllische Ort Sant Agustí. An dem pittoresken Dorfplatz mit der nahezu leuchtend weißen Kirche hat die Bar Can Berri ein paar Tische draußen stehen. Hier kann man wunderbar entspannt sitzen und die mediterrane Dorfatmosphäre genießen. Köstlich sind die frittierten, süßlich schmeckenden Gemüse Tempura de Verdura con Salsa de Naranja – leicht, kross und lecker. Die Bar ist ein sympathischer, unprätentiöser Ort für einen Aperitif oder Snacks wie die Olivada con Pan. Am Wochenende hingegen lässt man sich dort immer etwas einfallen: Am Freitagabend werden in der schmalen, engen Küche japanische Gerichte gezaubert, samstags gibt es argentinische Grillplatten. Die Bar Can Berri ist die kleine Schwester des sehr viel kostspieligeren Restaurants Can Berri Vell, das schräg gegenüber am Platz liegt. Auch wenn die beiden Lokale demselben Besitzer gehören und nur durch eine Ecke des Dorfplatzes getrennt sind, liegen Welten zwischen ihnen. Während es im Restaurant ernsthaft und gediegen konservativ zugeht, strahlt die Bar etwas Lockeres, Entspanntes und Jugendliches aus. Ein angenehmer Ort am beschaulichen Dorfplatz.

15 Bar Can Berri Adresse: 07839 Sant Agustí des Vedrà
Tel: 0034 971 803035 Internet: www.barcanberri.com
Öffnungszeiten: Täglich ab 18.00 Uhr

☞ Restaurant Can Berri Vell

In dem gepflegten Innenhof des alten Herrenhauses mit den dicken Mauern kann man sich in aller Ruhe auf ein Experiment iberisch interpretierter, moderner Küche einlassen. Die ursprünglich einfache, regionale Küche mit ausgezeichneten Zutaten wurde im Can Berri Vell nämlich zunehmend von spanischen Varianten internationaler Klassiker abgelöst. Dabei hatte das ursprüngliche Konzept wunderbar zu dem Besitzer gepasst, der das freundliche, konservative alte Spanien verkörpert. Den neuen Stil kann man interessant finden. Beispielsweise schmeckt die spanische Version des Carpaccios überraschend anders als in Italien, wobei das hauchdünne Fleisch ausgezeichnet ist. Der Thunfisch mit gegrilltem Gemüse wird mit einer Art Bratensauce serviert ... Jedenfalls bietet das Can Berri Vell am Dorfplatz in Sant Agustí eine gepflegte Kulisse für ein gediegenes Essen zu zweit.

Adresse: Plaça Major 2, 07839 Sant Agustí des Vedrà
Tel: 0034 971 344321
Internet: www.canberrivell.com
Öffnungszeiten: Täglich 20.00 – 24.00 Uhr

IBIZA ROCKS HOUSE UND ROOM 39 RESTAURANT

Was haben die Stones, Grace Jones, Elton John und Freddie Mercury gemeinsam? Sie alle waren schon im Pikes Hotel zu Gast. Das Hotel lebt vom Glamour der Musikszene und von seiner Vergangenheit. Die Feste in den Siebzigerjahren im Pikes waren legendär und ausschweifend. Freddie Mercurys Suite, die Marrakech Suite, und die Partyräume im Hedonismustempel sind original erhalten und sollen unter der neuen Leitung von Ibiza Rocks zum ultimativen Ort für Housepartys werden. Auch heute noch sieht man vor allem Musiker an der Bar und am Pool. Die Einrichtung des Ibiza Rocks House ist frecher und wüster als die anderer Hotels dieser Kategorie. Ein Glücksfall ist solch eine sagenumwobene Vergangenheit aber nicht unbedingt. Die vielen Zitate und Anspielungen muss man schon mögen, die auf der ganzen Anlage die großen Bands der Sechziger und Siebziger anklingen lassen. Im Room 39, dem Restaurant des Ibiza Rocks House, besteht die Deko ausschließlich aus Elementen, die der Musikszene entlehnt sind: ein Saxophon an der Wand, Fotos von Mick Jagger, das Licht aus schwarzen, von der Decke hängenden Zylindern. Der Service ist passenderweise jung, locker, nett und weniger förmlich als in vergleichbaren Restaurants. Und nach dem Essen kann man dann auf einem der Day-Lounge-Betten am Pool das Gefühl haben, einmal im Leben wie Freddie Mercury dem Sternenhimmel ganz nah zu sein.

16 Ibiza Rocks House und Room 39 Restaurant Adresse: Camí de Sa Vorera, 07820 Sant Antoni de Portmany Tel: 0034 971 342222
Internet: www.ibizarocks.com/house/bars-restaurants/
Öffnungszeiten: Täglich 20.00 – 24.00 Uhr, Samstag BBQ 15.30 – 18.30 Uhr, Sonntag Roast 16.00 – 21.00 Uhr

DER MAGISCHE NORDEN

Ibiza entfaltet einen Zauber der ganz anderen Art im Norden. Lauter Lieblingsorte liegen hier versteckt in der dünn besiedelten, wilden, romantischen Landschaft. Angefangen von unserem Lieblingshotel, dem Es Cucons, von dem es nicht weit ist bis zur Puerta del Cielo, dem Himmelstor – nirgendwo auf Ibiza ist der Blick aufs Meer wohl so beeindruckend wie hier. Wenn dann auch noch die Mandelbäume weiß blühen und einen herrlichen Kontrast zu der rötlichen Erde und dem blauen Meer bilden, zeigt sich die Insel von ihrer paradiesischen Seite. Santa Agnés de Corona macht die Stille des Nordens zum Kult: Auf der Veranda der Cafeteria Can Cosmi scheint die Zeit stillzustehen. Die kleinen felsigen und steinigen Buchten weiter östlich, rund um die Cala S'Illot des Renclí, gehören zu den Lieblingsstränden aller Ibiza-Connaisseurs. Sie sind ruhiger, einsamer, besser zum Schnorcheln geeignet als alle anderen Strände auf der Insel. Der Blick von den Klippen über das weite Meer ist herrlich. Nichts erinnert hier an die Partyinsel und die Beach-Clubs im Süden. Den steinigen Untergrund beim Sonnenbaden müssen die Liebhaber der Natur und Stille dafür in Kauf nehmen. Im Landesinneren liegen sympathische weiße ibizenkische Städte wie Sant Llorenç mit dem überaus charmanten Paloma-Café und Santa Gertrudis de Fruitera mit der legendären Bocadillo-Bar Costa.

ES CUCONS

Wie ein kleines Paradies wirkt dieser wunderschöne Garten mit Palmen und Zitrusbäumchen und dem herrlichen Pool. Am Morgen blöken die Schafe auf den Weiden, die Hähne krähen, der Dunst löst sich nur allmählich aus den Feldern, und trotzdem kommt im vorzüglich geführten Hotel Es Cucons nie das Gefühl von Ferien auf dem Bauernhof auf. Ganz im Gegenteil: Nirgends auf Ibiza wird das Gleichgewicht aus Landhotel und weltläufigem Flair so beiläufig, selbstverständlich und lässig austariert wie hier. Es ist ein einziges Vergnügen, nachts am Feuer im Garten zu sitzen und sich von Jorge, dem andalusischen Küchenchef, mit raffinierten Köstlichkeiten verwöhnen zu lassen. Das hoteleigene Restaurant mit seinen vorzüglichen Gerichten ist ein Prunkstück des Hotels. Die Art und Weise, in der die zwei Schwestern aus Barcelona mit ihren Ehemännern das Hotel leiten, löst unmittelbar das Gefühl aus, in einem erstklassigen Hotel zu Hause zu sein. An der Tischtennisplatte etwa liegen die Schläger herum, als seien die Kinder nur mal eben zur Fisdiele gelaufen. Der größte Zauber des Es Cucons liegt aber nicht einmal in all den vielen, schönen Details, sondern in der merklich guten Stimmung, die von der Hotelleitung ausnahmslos auf alle Angestellten übertragen wird. Das Es Cucons gehört zu den Hotels, die man allen guten Freunden so schnell wie möglich weiterempfehlen möchte.

17 Es Cucons Adresse: Camí des Plà de Corona Km 1, 07828 Santa Agnès de Corona Tel: 0034 971 805501 Internet: www.escucons.com
Preise: DZ 195 – 520 Euro

ESCUCONS: ORANGE JUICE,
LEMON JUICE, FRESH MINT
& VODKA
MOJITO: RUM, LIME,
FRESH MINT, SUGAR & SODA
CAI-PIROSCA: VODKA, LIME
SUGAR
BLOODY MARY: VODKA
EARLY BIRD:

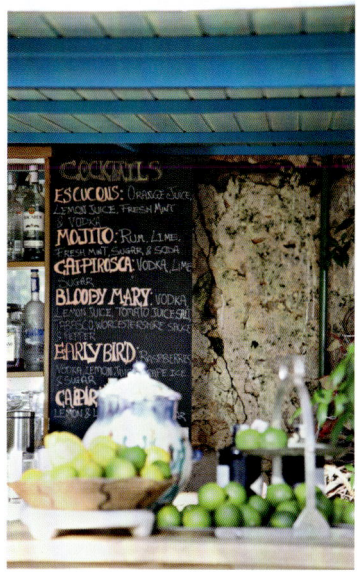

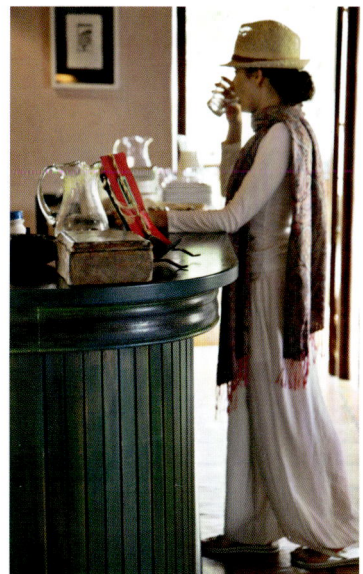

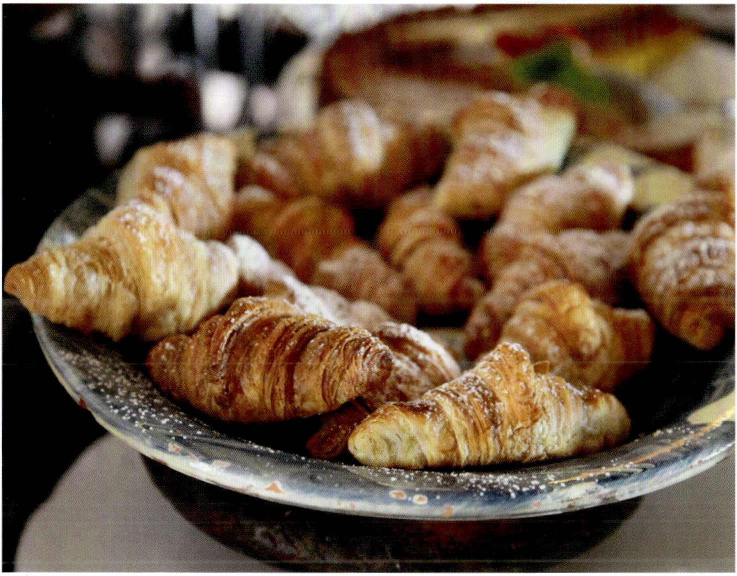

Ein Gespräch mit Barbara Rodriguez
Inhaberin des Es Cucons

Eure Geschichte klingt ein bisschen wie aus dem Märchenbuch: Zwei Schwestern ziehen mit ihren Männern aus der großen Stadt weg auf eine Insel und eröffnen ein traumschönes Hotel.

Ja, wir hatten sehr viel Glück. Es fing schon damit an, dass wir diesen Ort hier gefunden haben. Aber auch, dass wir uns alle so gut verstehen und unterschiedliche Begabungen mitbringen.

Ist jeder von euch vieren für etwas anderes zuständig?

Ja, wir ergänzen uns super. Meine Schwester Maria kümmert sich um die Küche und die großen Feierlichkeiten. Sie organisiert Geburtstags- und Hochzeitsfeiern. Überhaupt alle größeren Events. Und sie bestückt unsere Boutique, die im Lauf der Jahre mitgewachsen ist. Unsere Männer halten das Hotel mit den 15 Zimmern nicht nur in Schuss, sondern machen es Jahr für Jahr schöner. Pasi kümmert sich dabei vor allem um den Garten und Jaime um die Möbel. Und ich bin für den Papierkram und die Buchhaltung zuständig. Außerdem stecke ich wie Maria sehr viel Herzblut in die Boutique.

Die gute Stimmung scheint sich auf das gesamte Personal zu übertragen.

Auch da hatten wir viel Glück. Mit einigen haben wir schon früher zusammengearbeitet, sie sind uns dann ins Hotel gefolgt und mittlerweile sehr ans Herz gewachsen. Andere kennen wir schon lange. Überhaupt, das Personal ist seit Jahren so zusammengeblieben. Sie arbeiten wirklich alle toll mit, sind sehr offen und kommunikativ, fleißig und liebevoll. Wir haben ein gutes Team, und ich freue mich, dass unsere Gäste dies spüren.

☞ Restaurante Can Jordi oder Las Puertas del Cielo

Einer der atemberaubendsten Blicke der Insel eröffnet sich vor dem Tor zum Himmel, wie das bescheidene Etablissement Can Jordi auf den Klippen in Ses Balandres auch genannt wird. Im Einklang mit der schier unendlichen Weite des Meeres, die sich vor den Augen auftut, herrscht eine nahezu meditative Ruhe. Ein wunderbarer Ort. Stundenlang könnte man hier oben sitzen, aufs Meer schauen und die Gedanken schweifen lassen. Wer bei all dem Futter für die Seele Hunger und Appetit bekommt, kann sich wenige Meter hinter den Klippen auf die Terrasse des Himmelstors setzen und sich mit einfachen, typischen Inselgerichten im Can Jordi stärken. Zu empfehlen sind die Reisgerichte.

Adresse: Camino de Corona, Ses Balandres, 07828 Santa Agnés de Corona
Tel: 0034 680 964796
Öffnungszeiten: Dienstag – Sonntag 12.00 – 17.00 Uhr, Montag geschlossen

CAS GASI

Wenn sich hinter Ihnen das Tor an der Straße automatisch schließt, öffnet sich das äußerst gepflegte Reich des Hotels Cas Gasi vor Ihnen. Dieses Tor erzählt eine Menge über die wunderschöne Landhausvilla. Keine andere Unterkunft der Insel wird mit einem Gate gesichert. Abgeschotteter als üblich vom Flow der Insel wirkt das Cas Gasi wie ein großbürgerliches Refugium, in dem alles und jedes sehr bewusst an seinem rechten Fleck steht. Angestellte in makellosen grünen Schürzen halten jeden Winkel des Gartens in tadellosem Zustand, die Büsche und Bäume sind akkurat geschnitten. Ebenso elegant gepflegt wie die Gärten um die mediterrane Landhausvilla herum sind die Zimmer, der Pool und der Wellnessbereich. Zur Sitzgruppe im großzügigen Foyer mit dem schönen Teppich gehört eine kleine Bibliothek. Die Besitzerin, Margaret von Korff, spricht fließend Deutsch, stammt aus Barcelona und hat familiäre Wurzeln in München. Als ihre vier Kinder aus dem distinguierten Familiensitz in die weite Welt zogen, baute sie das Anwesen zu einem Hotel mit nahezu perfektionistischem Anspruch um. Ein idealer Ort für alle, die in sehr gepflegter Atmosphäre Ruhe und Erholung suchen.

18 Cas Gasi Adresse: Camino Viejo de Sant Mateu,
07814 Santa Gertrudis de Fruitera
Tel: 0034 971 197700 Internet: www.casgasi.com
Preise: DZ 204 – 750 Euro

THE GIRI RESIDENCE

Bis ins Detail durchdesignt ist die kleine Giri Residence im bezaubernd schönen Norden der Insel. Ein eleganter Ort: klare Formen, viel moderne Kunst, eklektisch. Die mozarabische Tradition spanischer Architektur, die von maurischen Elementen geprägt ist, wird auf zeitgenössische Weise spielerisch aufgegriffen. Von vielem, was schön, gut und teuer ist, finden sich Deko-Elemente in den weitläufig wirkenden Räumen. Maurische Zitate stehen neben skandinavischer Schlichtheit. Gleichzeitig ist die Giri Residence intim und klein. Wie bei wohlhabenden Freunden in einer Landhausvilla sitzt man in den formschönen dunkelbraunen Korbsesseln auf der wunderbaren Terrasse am Pool. Kein Wunder, dass The Giri Residence auch größere Freundeskreise anlockt, die sich im neu eröffneten, eleganten Haus mit dem sehr guten Komfort einmieten und sofort wie zu Hause fühlen. Auch der Pool ist cool: „LOVE" steht in rostigen großen Lettern an der einen Kopfseite. Eklektisch eben. Der großzügige Spa-Bereich mit dem Whirlpool ist wunderschön geworden. Modern und klar durchdesignt ist diese Oase im sonst eher urwüchsigen wilden Norden.

19 The Giri Residence Adresse: Carrer Principal 5, 07810 Sant Joan de Labritja
Tel: 0034 971 333345 Internet: www.thegiri.com
Preise: DZ 220 – 625 Euro

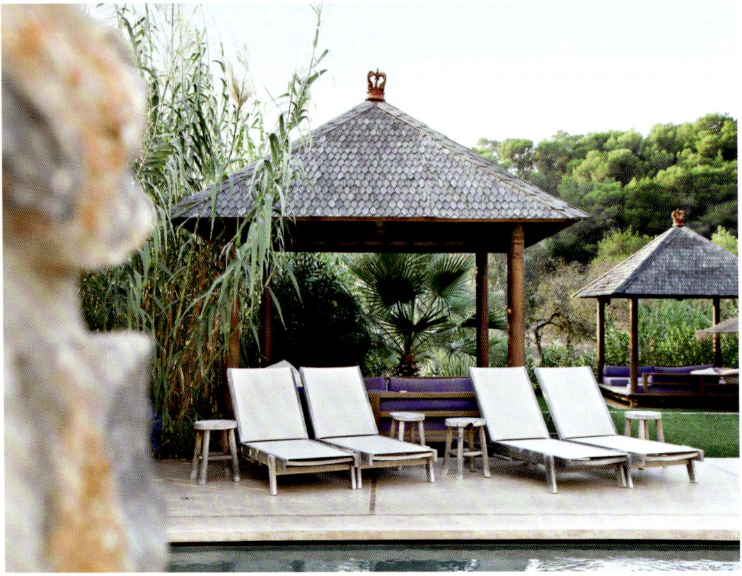

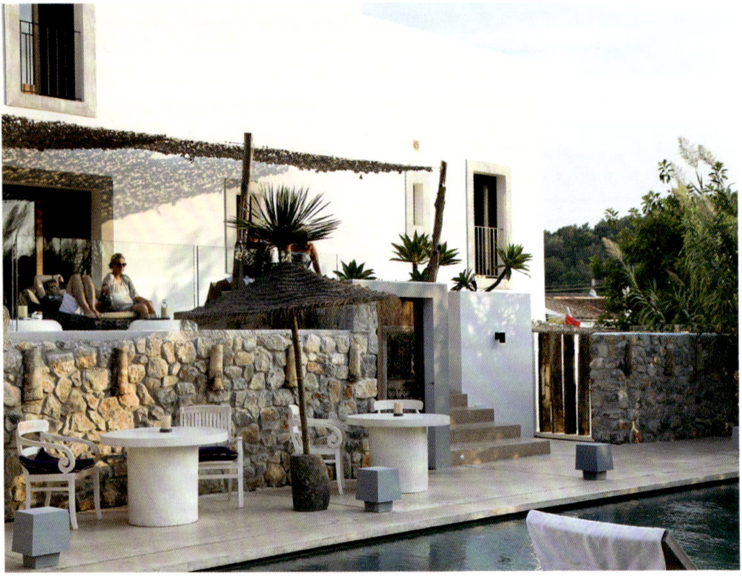

☞ The Giri Café

Kühl und schick präsentiert sich das neue Restaurant The Giri Café. Im Vergleich zu den meist rustikalen Insel-Restaurants im Beach-Style wirkt The Giri Café in Sant Joan urbaner und businesslike. Zumindest, wenn man es erst einmal betreten hat. Von außen macht das an dem schmalen Dorfplatz gelegene Gebäude einen etwas provinziell-ländlichen Eindruck, der sich aber augenblicklich verflüchtigt, sobald man einen Fuß in die klimatisierte Welt des Giri Cafés gesetzt hat. Und wer Lust hat, sich im stylishen Outfit zu präsentieren, ist hier goldrichtig.

Adresse: Plaça d'Espanya 5, 07810 Sant Joan de Labritja
Tel: 0034 971 333474
Öffnungszeiten: Täglich 10.00 – 1.00 Uhr

![The Giri Café Fotografie des Restaurants bei Nacht]

CAFETERIA CAN COSMI

Willkommen in der Bilderbuchwelt des ländlichen Spaniens! Die beste Tortilla auf Ibiza gibt es in einem kleinen Dorf in der unscheinbaren Cafeteria Can Cosmi, die mit jeder Sekunde, die man dort verbringt, liebenswerter wird. Da wäre zum Beispiel der kleine Tante-Emma-Laden, der zu Can Cosmi gehört und seinem Namen alle Ehre macht. Eine Señora in ehrgebietendem Alter steht hinter dem Tresen und gibt zu allen regionalen Spezialitäten auf allerliebste Weise Auskunft, die in ihrem kleinen Geschäft aus einer anderen Welt und Zeit zu haben sind. Auch die Veranda, auf der die einfachen Holztische hinter einer Balustrade stehen, wird von Minute zu Minute heimeliger, bis man sie kaum mehr verlassen möchte. Das liegt nicht nur an dem filmreifen, leuchtend weißen, gedrungenen Kirchlein gegenüber, das einen sofort in eine südländische, mediterrane Welt versetzt, sondern auch an den unnachahmlich strahlenden Augen der Mitarbeiter des Restaurants. Angefangen bei den Köchinnen, die im Hinterzimmer diese Wunder der einfachen Tortillakunst zaubern, über die Bedienung bis hin zum verschmitzt sympathischen Besitzer. Die Cafeteria Can Cosmi ist ein ganz besonderer, unaufgeregter, herrlicher Ort, an dem man beseelte, sehr entspannte Stunden verbringen kann.

20 Cafeteria Can Cosmi Adresse: 07828 Santa Agnès de Corona
Tel: 0034 971 805020 Öffnungszeiten: Mittwoch – Montag 11.00 – 23.00 Uhr,
Küche 13.00 – 17.00 Uhr und 19.00 – 23.00 Uhr, Dienstag geschlossen

BAR COSTA

Typisch ibizenkisch geht es in der Bar Costa zu. Bullige Männer hinter dem Tresen nehmen die Bestellungen entgegen und bereiten die Bocadillos vor. Sie könnten auch in jeder Stierkampfarena stehen und dort frisch gezapftes Bier ausschenken. Von der Decke baumeln verheißungsvoll die Schinken. Die Wände sind gepflastert mit Kunst und es überrascht kaum, dass der weibliche Körper keine unbedeutende Rolle auf den Bildern spielt. Bocadillos sind in Spanien typische Sandwiches, die es in allen möglichen Varianten gibt. Der König aller Bocadillos wird mit einem besonderen Schinken belegt, dem Jamón Ibérico de Bellota, auch genannt Pata Negra, dem wohl teuersten, aber auch besten luftgetrockneten Schinken der Welt. Die Schweine, aus denen dieser wunderbare, geschmacksintensive und fette Schinken hergestellt wird, leben frei laufend auf den Weiden und fressen vorrangig die Früchte der Steineiche sowie frische Kräuter. Aber auch ohne diese wohl edelste Version der Bocadillos lässt sich hier wunderbar auf den niedrigen Hockern vor der Bar zwischen den ibizatypischen Boutiquen und Trödelläden sitzend das Treiben in Santa Gertrudis beobachten. Die Bar Costa ist zu jeder Tages- und Nachtzeit ein angenehmer Ort!

21 Bar Costa Adresse: Plaça de Santa Gertrudis,
07814 Santa Gertrudis de Fruitera Tel: 0034 971 197021
Öffnungszeiten: Mittwoch – Montag 8.00 – 24.00 Uhr, Dienstag geschlossen

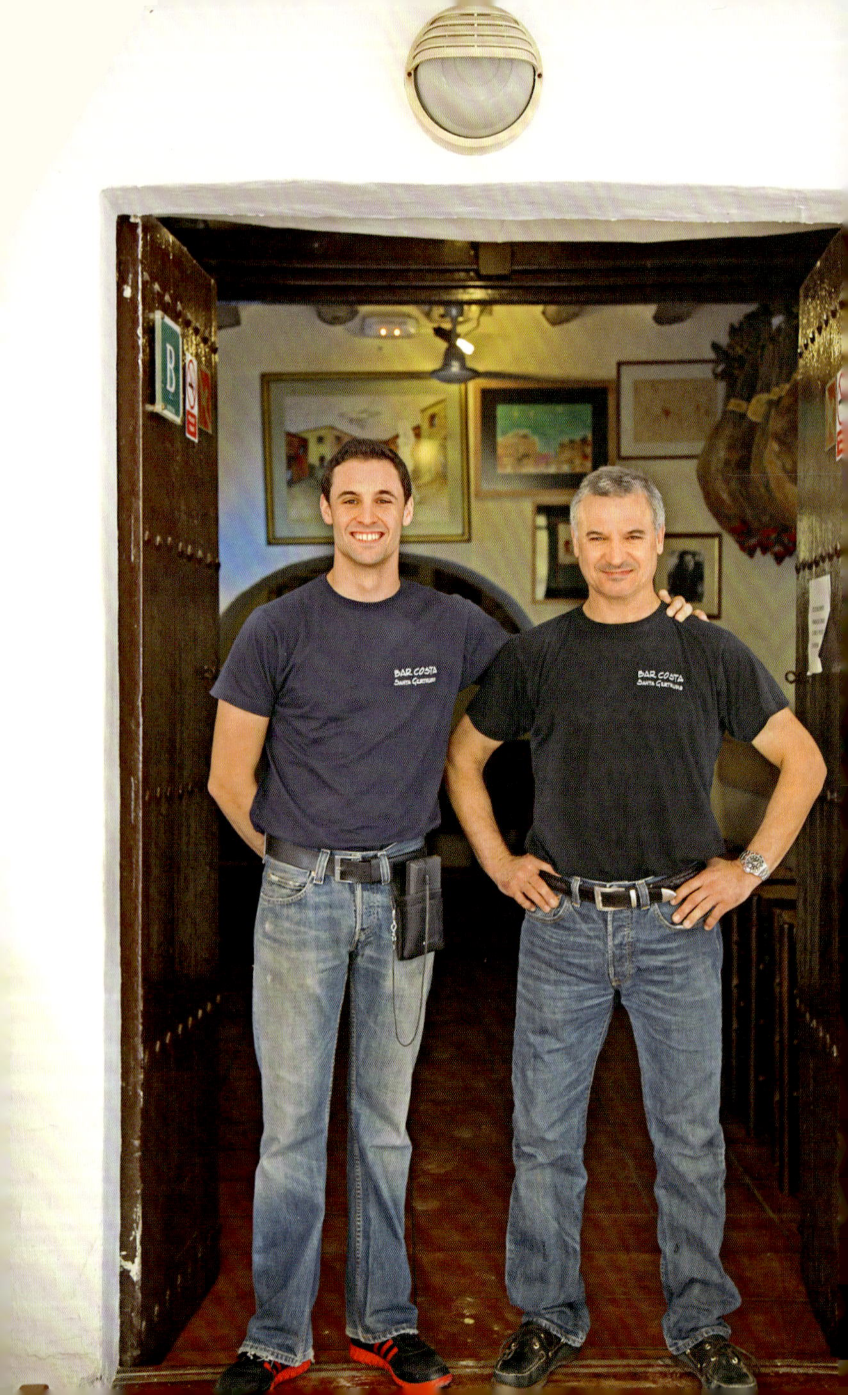
B
BAR COSTA
BAR COSTA

 **Café Restaurant Musset**

Die junge Generation trifft sich im Musset in Santa Getrudis. Hier sitzen sie alle mit ihren Laptops, trinken wunderbare frisch gepresste Säfte aus Früchten, Ingwer und Roter Bete ... Ein Treffpunkt der Einheimischen. Selbst die Köche aus den urigen Kneipen oder Hippiecafés schwärmen vom Musset. Mitteleuropäische Großstädter würden es vermutlich nicht zu den sieben Weltwundern zählen, die Stimmung in dem auffallend clean wirkenden Laden ist trotzdem besonders. Ibiza zeigt ein neues Gesicht. Als würde man in den Alltag der Insel eintauchen. Unter den Gästen sind auffallend wenige Touristen. Überhaupt ist Santa Gertrudis ein Ort, in dem es sich lohnt, mehr Zeit zu verbringen. Die Dichte an Cafés und Restaurants ist enorm und das Publikum spezieller und interessanter als in vielen Dörfern.

Adresse: Carrer Venda de sa Picassa, 07814 Santa Gertrudis de Fruitera
Tel: 0034 971 197671
Internet: www.mussetibiza.com
Öffnungszeiten: Täglich 9.00 – 23.00 Uhr

PALOMA CAFÉ

Unter niedrigen Zitrusbäumchen stehen wie in einem Paradiesgarten die Tische im Paloma Café. Die Hippieseite Ibizas kommt hier mit einem betörend einfachen, bestens funktionierenden Konzept zusammen: nette Menschen, ein freier, lebendiger Ort, ein wunderbarer Garten und frische, leichte Snacks. Mittlerweile ist das Paloma Café kein Geheimtipp mehr, sondern einer der hippsten Treffpunkte auf Ibiza – für schlichtweg alle. Ein guter Ort, um stundenlang mit Freunden im Schatten zu sitzen und den Tag zu verplaudern. Hier und da sitzt jemand allein mit seinem Laptop oder Tagebuch an einem Tisch, schreibt, schaut, fotografiert, daneben vergnügt sich eine größere Runde. Dem Charme des Paloma Cafés entzieht sich so schnell keiner. Ein junges, internationales Team flitzt zwischen den Tischen umher, bringt frische Salate, Sandwiches, köstliche, frisch gepresste Säfte oder einen Kaffee. Allein die vielen verschiedenen Sprachen, die an manchen Tagen unter den Zitrusbäumchen zu hören sind, klingen inspirierend wie Musik.

 Paloma Café Adresse: Apartado 156, 07812 Sant Llorenç de Balafia Tel: 0034 971 325543
Internet: www.palomaibiza.com
Öffnungszeiten: Täglich 12.30 – 16.30 Uhr

☞ Restaurant La Paloma

Auch wenn ganz Sant Llorenç wie ausgestorben daliegt, rund um das Restaurant La Paloma tobt das Leben. Autos parken, fahren ab, die Menschen strömen ins Restaurant. Das Paloma besitzt denselben Charme wie das Café, nur ist es um einiges größer. Neben dem zauberhaften Garten sind am Abend auch die schöne große Terrasse offen, die Bar und die Innenräume. In lebendiger Atmosphäre kann man in der lauen Nachtluft draußen sitzen und die neuesten Kreationen aus der Küche probieren – oder sich auch nur mit einem Cocktail hinten in den Garten setzen. So einfach kann das Schöne sein!

Adresse: Apartado 156, 07812 Sant Llorenç de Balafia
Tel: 0034 971 325543, Internet: www.palomaibiza.com
Öffnungszeiten: Täglich 20.00 – 24.00 Uhr

Ein Gespräch mit Mouji Segev

Inhaberin des Paloma Cafés

Die beiden Palomas sind eine rührende Erfolgsgeschichte ...

Unglaublich, ja! Dabei war es Zufall, dass es sie überhaupt gibt. Wir suchten dringend etwas, um unsere Familie über Wasser zu halten. Als wir den Ort hier entdeckten, war er in einem schrecklichen Zustand, und Sant Llorenç liegt ja nun auch nicht gerade am Strand. Aber wir hatten unser Baby und die Liebe meiner Mutter für die Küche ... Also dachten wir, dass wir vier gemeinsam hier einen kleinen Laden aufmachen. Und dann kamen von Anfang an viel mehr Leute, als wir erwartet hatten. Mittlerweile gibt es das Café, die Bar und das Restaurant; meine Tanten sind aus Italien hierhergekommen, die alle mitarbeiten, und dann haben wir noch ein großes, tolles, junges Team.

Hätte ein ähnliches Konzept auch in Italien funktioniert?

Vielleicht, hier ist es aber viel einfacher. Auch für uns. Mein Mann ist Israeli, ich Italienerin ... Auf Ibiza ist das kein Problem. In Italien dagegen sind die Traditionen und Konventionen sehr stark, ganz anders als hier. Auf der Insel wird viel mehr experimentiert. Das Leben ist lockerer. Das gefällt uns allen sehr. Wir passen irgendwie besser hierher.

Hattet ihr ein bestimmtes Konzept im Kopf, als ihr euch für diesen Ort entschieden habt?

Ehrlich gesagt, hatten wir vor allem viel Lebenslust, super Stimmung, ein großes Herz und meine Mutter. Sie ist unglaublich. Sie überlegt sich ständig neue Gerichte, probiert etwas Neues aus. Ihre Liebe zum Leben und den Menschen ist die Seele des ganzen Ladens.

DER GEMISCHTE OSTEN

An den wundervollen Sandstränden im Osten Ibizas geht die Sonne betörend schön am Horizont auf. S'Aigua Blanca gehört mit seinen leuchtenden Farben und dem sanft ins Wasser abfallenden Strand zu den Highlights der Insel. Etwas nördlicher an der Cala d'en Serra findet man für die Ostküste überraschend viel Ruhe. Sie gehören zu den allerschönsten Stränden, die es auf Ibiza überhaupt gibt. Santa Eulària bietet zwar auf den ersten Blick bei Weitem nicht den Charme Eivissas, besitzt aber eine muntere Alltäglichkeit und schöne Seiten, die es zu entdecken gilt. Wer in einer lauen Nacht im Schein der winzigen roten Lampions im Garten des Sandy's sitzt und sich die Leckereien im neuen englischen Pub-Style schmecken lässt, wird das lebendige Städtchen schnell zu schätzen wissen. Im Hotel Les Terrasses geht Kreativität eine wunderbare Allianz mit französischem Sinn für Design und Stil einher. Vom Can Talaias aus schaut man morgens über die grünen Hügel auf die Morgendämmerung über dem Meer. Sant Carles ist ein sympathisches weißes ibizenkisches Städtchen geblieben. Ganz in der Nähe findet der Hippiemarkt Las Dalias statt. Einmal im Leben sollte man den Bullit de Peix, eine Fischspezialität der Insel, in der einsamen Cala Mastella bei dem misanthropischen Wirt im El Bigote gegessen haben: Nirgendwo wird der Bullit so gut zubereitet wie dort in den verbeulten Töpfen über dem offenen Feuer direkt am Meer.

CAN TALAIAS

Willkommen auf freaky Ibiza! Im Can Talaias herrschen Freiheit und Soul. Noch immer ist in dem großen, verwinkelten Haus der Geist der frühen Bohemejahre und des legendären Schauspielers Terry-Tomas spürbar. Jedes Zimmer wirkt mehr oder weniger improvisiert, viele sind sehr bunt, inspiriert von Gaudí oder Dalí, jedes erzählt eine Geschichte. Das Turmzimmer beispielsweise ist eine Art Liebesspielzimmer im American Style mit einem sehr farbenfrohen Badezimmer. Ein kleines Feldsteincottage gibt es auch, für alle, die es privater und zurückgezogener mögen. Der Garten ist groß und birgt so manche Überraschung. Hinter einer afrikanisch anmutenden, rot gepolsterten Sitzgruppe taucht ein gelber Papphalbmond aus dem Grün auf. Der versteckt im Garten liegende Pool wirkt fast wie ein Naturteich, ist aber nicht weniger gechlort als seine arktisch blauen Verwandten. In den Sechzigerjahren war er einer der ersten Pools, die es auf Ibiza überhaupt gab. Ein Stück weiter überraschen reihenweise einheimische Kübelpflanzen, eine Art Baumschule. Mittendrin schaukeln zwischen den Baumstämmen Hängematten ... Aus dem turmhohen Kühlschrank auf der weitläufigen Terrasse dürfen sich alle bedienen. Das Allerschönste: Das abwechslungsreiche Hotel bietet als eines der wenigen einen Blick über die Hügel bis hinunter aufs Meer.

23 Can Talaias Adresse: Carretera Cala Boix, 07850 Sant Carles de Peralta
Tel: 0034 971 335742 Internet: www.cantalaias.net
Preise: DZ 150 – 370 Euro

Ein Gespräch mit Laetitia

Inhaberin des Can Talaias

Dieses Haus wirkt an manchen Stellen ja wie eine ausgewachsene, liebenswerte Version der berühmten Villa Kunterbunt ...

Ach echt, ja? Wie witzig. Mag sein, mein Mann ist hier aufgewachsen. Er ist der Sohn von Terry-Tomas, dem Schauspieler, der 1965 als einer der ersten Ausländer auf die Insel kam. Er hat sich damals dieses irgendwie abgefahrene Anwesen aufgebaut.

Und wie kamt ihr auf die Idee, aus Cushans Kinderstube ein Hotel zu machen?

Nachdem sein Vater die Insel verlassen hat, verfiel das Haus zusehends, ein Freund von Cushan eröffnete einen Agrotourismus darin, blieb aber nicht lange, und als Cushan und ich uns auf Ibiza kennenlernten und die Kinder bekamen, haben wir den Laden übernommen. Ich fand die Idee super, auf Ibiza zu leben. Als Kind habe ich die meisten Sommer hier verlebt und mich auf der Insel immer viel mehr zu Hause gefühlt als an jedem anderen Ort auf der Welt. Es ist so schön frei hier und es gibt mehr positive Energie als anderswo.

Habt ihr viel an dem Familienhaus verändert?

Viele Zimmer sind noch vom Vater designt. Ein echter Designer, Armando Klein, hat hier ebenfalls deutliche Spuren hinterlassen, dann auch noch ein deutscher Freund von Terry-Thomas. Seit ein paar Jahren gestalten Cushan und ich das Can Talaias.

LES TERRASSES

Ibiza, wie man es kennt und liebt! Die französischen Inhaberinnen haben mit viel Liebe und reizenden Details aus dem weiß gestrichen Landhaus mit den pastellblauen Fensterrahmen einen himmlischen Ort gemacht. In dem verwinkelten Garten mit mehreren Terrassen und Ebenen wurden auf engstem Raum unterschiedliche Atmosphären kreiert. Auf der Hauptterrasse sitzt man unter einem blühenden Baum und einem pastellroten Sonnenschirm, darüber liegt eine aus Lehm errichtete Chill-out-Area mit leuchtend bunten Kissen, auf einer anderen Ebene steht eine lange Tafel unter einem Holzdach, und etwas weiter noch stehen Tische unter großen Palmen. Kleine Klunker hängen von den Bäumen und beleuchten die Szenerie, überall sind witzige Deko-Elemente eingestreut. Erfrischend kreativ und selbst gestaltet wirken die Anlage und die Räume. Allein der Komfort der Betten hält nicht ganz mit dem Charme der Inneneinrichtung mit. Der Garten ist herrlich, dicht bewachsen mit Palmen, Zitrushäumen, blühenden Sträuchern, die Zimmer sind großzügig, in verschiedenen kleinen Gebäuden untergebracht, die über Treppen verbunden sind. Ein Tennisplatz, zwei Pools ... So charmant Les Terrasses ist, so gut ist auch das Essen. Das Obst und Gemüse kommt aus dem eigenen Garten. Zum Frühstück läuft klassische Musik. In Kochkursen können Sie Ihr Repertoire dort gleich erweitern. Dienstag ist der legendäre Couscous-Tag – mit häufig mehr als 100 Gästen.

24 Les Terrasses Adresse: Carretera de Santa Eulária, 07840 Santa Eulária des Riu Tel: 0034 971 332643 Internet: www.lesterrasses.net Preise: DZ 115 – 450 Euro

Ein Gespräch mit Françoise Pialoux
Inhaberin des Les Terrasses

Finden alle Gäste den Weg zu euch?
Ja, der kleine blaue Felsen unten an der Straße zwischen Eivissa und Santa Eulària ist unser Markenzeichen, den kennen alle. Schilder haben wir in den ganzen 24 Jahren nie gebraucht.

Wie haben Sie aus Frankreich den Weg auf die Insel gefunden?
Als meine Zeit als Model vorbei war, habe ich eine Weile als Köchin auf Schiffen gearbeitet, das war ganz lustig, und auf dem Weg nach Marokko kamen wir irgendwann an Ibiza vorbei. Ich fand die Insel damals magisch, kam nach einem Jahr wieder und vier Jahre später kaufte ich die Finca.

Im Les Terrasses ist eine große Lust an Gestaltung spürbar ...
Ja, ich komme aus einer alten Hoteliersfamilie und hatte großen Spaß daran, mit meinem Sohn zusammen Les Terrasses nach und nach aufzubauen. Uns fallen ständig neue Projekte ein. Als Nächstes wollen wir ein Spa in Baumhäusern errichten. Das wird sicher toll. Mein Sohn wohnt unten vor dem Gemüsegarten in einer Jurte, er studiert Architektur und will nach Indien gehen.

In euer Restaurant kommen auch viele einfach nur zum Essen.
Ich habe großen Spaß am Kochen, und die Zutaten sind hier außergewöhnlich gut. Wir haben 120 Obstbäume, einen großen Kräuter- und Gemüsegarten, sogar eigene Hühner für die Frühstückseier ... Das reicht fast vollständig für das Restaurant. Und auch sonst verwenden wir ausschließlich Bio-Zutaten.

Tempura d'aubergine aux figues
Für 4 Personen

Schneiden Sie die ungeschälte Aubergine der Länge nach in etwa 0,5 cm dicke
Scheiben.

In einer Schüssel Mehl, Maizena, Zucker,
Salz und Mineralwasser miteinander ver-
rühren.

Die Auberginenscheiben werden dann in
die Masse getunkt und danach entweder
frittiert oder angebraten.

Anschließend auf Küchenpapier legen,
um überschüssiges Öl aufzusaugen.

Eine Seite der Auberginenscheiben je-
weils mit Feigenmarmelade bestreichen.

Sehr schön kommt dieser Nachtisch zur
Geltung, wenn Sie ihn auf einem Feigen-
blatt servieren.

1 Aubergine
75 g Mehl (Type 55)
75 g Maizena
2 EL Zucker
1 Prise Salz
½ Glas Mineralwasser
Olivenöl
Feigenkonfitüre

CICALE

Little Italy auf Ibiza: An der Restaurant-Road, der Nord-Süd-Achse der Insel, eröffnete eine große italienische Familie vor zehn Jahren das Restaurant Cicale. Die Geschwister, die Eltern, alle vermitteln das Gefühl, es wäre ihr Zuhause. Mit einer rauen Kneipe an der lauten Straße hat dieses niedliche Restaurant nämlich so gar nichts gemein. Hell lackierte Holztische und Stühle stehen auf den kleinen, verwinkelten Terrassen, im Baum vor dem weißen Haus hängen Lampions, die eine charmante Atmosphäre verbreiten. Alles ist sehr freundlich und hell, leger und lässig. Ein angenehmer Duft dringt aus der Küche. Auf der Karte stehen lauter italienische Klassiker. In hellen Terrakottafarben gestrichene Landscapemauern und schöne glatt verputzte Mäuerchen schaffen die angenehm verwinkelten Nischen und Räume. Hier und da bringt Lavendelblau an den Fensterrahmen und Türen Farbe in die weiße Anlage. Immer wieder sind liebenswerte kleine Details zu entdecken wie die Notizen auf den weißen Kacheln. Die Familie, der nette Koch und sein Helfer, sie alle sorgen dafür, dass sich ein Stopp an der legendären Restaurant-Road lohnt.

25 Cicale Adresse: Carretera de Sant Joan Km 12, 07810 Sant Joan de Labritja
Tel: 0034 971 325151 Internet: www.cicaleibiza.com
Öffnungszeiten: Täglich 20.00 – 1.00 Uhr

S'AIGUA BLANCA

Der breite Sandstrand S'Aigua Blanca ist herrlich. Er gehört zu den vier, fünf allerschönsten Stränden der Insel. Das Wasser ist klar, leuchtend, der Sandstrand optimal zum Schwimmen. Ein Highlight! Die Morgenstunden mit der aufgehenden Sonne am Horizont sind geradezu magisch. Ein toller Tipp auch für Nachtschwärmer, die den neuen Tag mit einem Bad begrüßen und der aufgehenden Sonne entgegenschwimmen wollen. Der Nachteil: Vor allem im Frühling und Herbst werden die Strände schon gegen Nachmittag relativ früh schattig. Unten am Strand liegen links die ruhigen weiten Abschnitte, an denen hier und da auch nackt gebadet wird, rechts wiederum kann man zwischen einem griechisch-blau gestrichenen Restaurant und einer Strandbude weiter hinten wählen. Wir würden empfehlen, im Chiringuito einen Bocadillo oder Salat zu essen, und später anderswo richtig zuzuschlagen. Die kleine Holzbude ist ein netter Ort mit ein paar Tischen unter Strohschirmen, wo man alles hat, was eine echte Strandbude bieten soll: etwas zu trinken, ein paar Kleinigkeiten zum Essen, lebenslustige Menschen und gute Stimmung. Für alle, die Groove am Strand lieben, ist sie sowieso der einzig richtige Ort an dem langen Sandstrand: heiße Ibiza-Rhythmen zu coolen Drinks.

 S'Aigua Blanca
Adresse: Cala de S'Aigua Blanca
Öffnungszeiten: Täglich 10.00 – 21.00 Uhr

SANDY'S BAR

In den Sechzigern traf sich die Boheme Ibizas im Sandy's – Schauspieler wie Sean Connery, Steve McQueen, John Hurt oder Laurence Olivier und Musiker so legendärer Bands wie Queen oder Led Zeppelin. Das Sandy's zählte für den Playboy in den Siebzigern zu den top ten bars in the world. Der Laden gehörte Sir Ivor „Sandy" Pratt aus Irland, der bereits in den Fünfzigerjahren Ibiza für sich entdeckt hatte und auf der Insel Kultstatus genoss. Die damals einzige Telefonverbindung im weiten Umkreis hatte der irische Adelsmann installieren lassen. Im Sandy's liefen daher die Drähte aus Hollywood und Soho heiß. Die Künstler und Kreativen nutzten das Sandy's als Pub und als „public home office". Übernommen wurde der Kultort vor Kurzem von dem schon aus Dublin bekannten Ben Gorman und seiner Schwester Chloe, die eine herrlich lässige Mischung aus Restaurant und Bar im neuen britischen Pub-Style geschaffen haben. Das obere Stockwerk mit dem kleinen Balkon kann komplett gemietet werden. Bar- und Pub-Atmosphäre herrscht im vorderen Raum, in dem auch noch die typische rote Telefonzelle steht. Unter Stoffbahnen sitzt man an sehr schönen Holztischen im Raum dahinter – und kann den Köchen beim Töpfeklappern zusehen. In lauen Nächten lässt es sich in dem sehr charmanten winzigen Hofgarten unter winzigen roten Lampions wunderbar schlemmen.

27 Sandy's Bar Adresse: Carrer de Sant Vicenç 25,
07840 Santa Eulária des Riu Tel: 0034 971 338034
Öffnungszeiten: Dienstag – Samstag 12.30 – 2.00 Uhr

EL BIGOTE

Den besten Bullit de Peix con Arroz gibt es im El Bigote. Der Laden ist legendär. In einem verbeulten schwarzen Topf köchelt der Fischeintopf, der zusammen mit Reis serviert wird, über dem Feuer. Um 14 Uhr und in der Regel auch nur nach Vorbestellung ist die Spezialität der Insel dort zu bekommen. Am hintersten Tisch neben der Feuerstelle thront der korpulente Patron mit dem namensgebenden Schnurrbart. Ein echtes Original. Nicht eben freundlich und liebenswert, dafür einzigartig und unnachahmlich. Viel mehr als den besten Bullit de Peix können Sie im El Bigote übrigens auch gar nicht bestellen. Mittags zwischen zwölf und halb eins wird alternativ noch gebratener Fisch serviert. Das war's dann auch schon. Besser als hier direkt am Meer schmeckt der Fisch nirgends und die Lage ist phänomenal. In einer einsamen, schmalen Bucht stehen die klobigen, dunkelbraun lackierten Holztische, über die man vor dem blau leuchtenden Meer gern hinwegsieht. Fast immer sind sie bis auf den letzten Platz besetzt. Die Lage und der Bullit trösten sofort über die etwas misanthropische Natur der Wirtsleute hinweg. Mit dem Auto ist das El Bigote nicht ganz so leicht zu erreichen. Entweder Sie parken in der Bucht nebenan und laufen dann über die Steine am Meer hinüber oder Sie stellen Ihr Auto oberhalb des Lokals ab und gehen die letzten Meter der kurvigen Straße zu Fuß hinunter.

28 El Bigote Adresse: Cala Mastella, 07800 Santa Eulária des Riu
Tel: 0034 650 797633
Öffnungszeiten: Täglich 12.00 – 12.30 Uhr Fisch a la Plancha,
14.00 Uhr Bullit de Peix con Arroz

SMART
TRAVELLING

GUT ZU WISSEN

Ibiza und Formentera sind zusammen ganz schön groß, darum ist dieser Infoteil so klein. Hier erfahren Sie nicht alles und jedes, sondern genau das, was Sie für eine perfekte Woche auf diesen beiden Baleareninseln brauchen. Wenige, aber genau die richtigen Informationen: Wissenswertes über die Lebensart auf den Inseln, eine kleine subjektive Auswahl an Stränden, Sehenswürdigkeiten und Tipps für Unternehmungen. Dazu eine Karte mit all unseren Lieblingsadressen, damit Sie nicht lange suchen müssen, sondern gleich anfangen können, Ihre Zeit auf Ibiza und Formentera zu genießen.

BABYLONISCHE BALEAREN

Ibiza wäre nicht Ibiza, wenn nicht alles bunt durcheinander ginge. Die Inselbewohner aus aller Welt sorgen mit ihren vielen Sprachen für eine muntere Vielfalt. Ein herrlicher Mikrokosmos. Als wäre das nicht genug, macht Zweisprachigkeit die Inseln noch abwechslungsreicher. Nach der rigiden Unterdrückung der katalanischen Sprache unter der faschistischen Franco-Diktatur wurde „català" 1983 neben dem Spanischen zur offiziellen Amtssprache auf den Balearen erklärt. Ibiza heißt seitdem

---

offiziell Eivissa. Orte, Straßen und Hinweise sind auf Eivissenc ausgeschildert. Ibiza und Eivissa: Zwei Namen für denselben Ort können verwirren. Ganz so wild ist es aber meist nicht: Viele Namen ähneln sich. San Antonio beispielsweise heißt auf Katalanisch Sant Antoni. Wer vor lauter Eivissa-Schildern kurzfristig mal die Orientierung verliert, kann sich in diesem Guide vergewissern, in dem bewusst die katalanischen Namen beibehalten sind. Der berühmteste Stadtteil Eivissas, Dalt Vila, der von der UNESCO zum Weltkulturerbe gekürt wurde, heißt übrigens aus dem Katalanischen übersetzt nicht „Altstadt", sondern „Oberstadt" – falsche Freunde gibt es überall.

MIT DEM KOMPASS ÜBER DIE INSELN

Eine Insel, die sich gegen Starres, Geordnetes, Rigides und Spießiges mit Stränden, Partys und freier Liebe zur Wehr setzt: Ibiza ... Selbst die Adressangaben lassen Raum für Geheimnisse und Spekulation, verleiten zum Spielen und Entdecken. Oder kennen Sie viele Orte auf der Welt, an denen Hausnummern genauso für überflüssig erachtet werden wie Straßennamen und exakte Hinweisschilder? Viele Angaben auf Ibiza erfolgen eher grob in Kilometerabständen. Das Restaurant befindet sich an der Landstraße zwischen den Städtchen a und b etwa auf der Höhe des Kilometers x. Das Triumphgeheul ist natürlich umso lauter und beglückender, sobald der Ort des Begehrens nach einer kleinen Schnitzeljagd entdeckt ist. Das Leben als Spiel. Das haben sie auf Ibiza offenbar tief verinnerlicht.

UPS! DIE ÖFFNUNGSZEITEN

Mit den Öffnungszeiten ist es so eine Sache auf Ibiza: Sie sind launisch und werden gern mal spontan über den Haufen geworfen. Insofern sind unsere Angaben zu Öffnungszeiten mit Vorsicht zu genießen. In der Regel sind alle Restaurants, Cafés, Bars und Hotels zumindest von Ostern bis

Anfang oder Mitte Oktober geöffnet. Das genaue Datum hängt von unwägbaren Faktoren wie Wetter, Nachfrage sowie Lust und Laune ab. Jede rigidere Regelung wäre auf Ibiza wohl auch überraschend. Die Kernzeiten für warme Küche liegen zwischen 13 und 14.30 Uhr und zwischen 19.30 und 22 Uhr. Wer auf Nummer sicher gehen möchte, der checke die Zeiten am besten vorher noch mal auf den entsprechenden Webseiten oder (besser noch) rufe vorher in den Läden an. Sie ändern sich bisweilen tatsächlich sehr kurzfristig. In der Hochsaison, im Juli und August, empfiehlt es sich, einen Tisch frühzeitig zu reservieren – auch wenn das nicht zum Flow der Insel passt. Für alle, die lieber die Zeit und sich selbst vergessen und ihr Glück spontan versuchen wollen, bleibt eine gute Nachricht: Fast immer findet sich eine Lösung und selbst im vollsten Restaurant noch irgendwo ein Tisch – die Kunst der Improvisation beherrschen sie auf der Insel.

FRÜHER FRÜHLING: DIE MANDELBLÜTE

Ibiza während der Mandelblüte ist eine Augenweide. Häufig beginnt sie schon im Januar. Während nördlich der Alpen im Februar noch der Schnee glitzert und funkelt, leuchten auf der Insel die Mandelbäume in blendendem Weiß. Im Februar prunkt die Insel in ihrer schönsten Blütenpracht. Der frühe Frühling ist traumhaft, das Licht klar und unvergleichlich. Die meisten Restaurants und Hotels sind zwar noch geschlossen, das weiße Blütenmeer der Mandelbäume, vor allem im Norden, entschädigt jedoch für alles. Betörend schön ist es auf der Insel auch, wenn die Orangenbäume blühen. In den wenigen Restaurants, die den Winter über geöffnet bleiben, lodert in den Kaminen das Feuer, die Räume sind voll besetzt und die Wirte geben, wenn man Glück hat, hin und wieder eine Runde ihres häufig selbst gebrannten Kräuterschnapses Hierbas aus. Im Gegensatz zu den oft verregneten Monaten November und Dezember gehören der späte Januar und der Februar auf Ibiza zu den reizvollsten Reisezeiten. Auf Formentera dagegen ist es wegen der starken Winde in diesen Monaten deutlich ungemütlicher.

DIE STRÄNDE

Allein die Kulisse, die Farben, der Sand und das Wasser sind traumhaft. Einige der schönsten Mittelmeerstrände Spaniens befinden sich auf Ibiza und Formentera. Wir haben Ihnen aus der Vielzahl reizvoller Buchten unsere Lieblingsorte zusammengestellt.

IBIZA
In über 50 Buchten bietet die Insel fast 20 Kilometer Strand. Wahre Bilderbuchstrände liegen im Westen und Osten. Im Norden sind die Calas kleiner, felsiger, unzugänglicher – dafür ist die Unterwasserwelt zum Schnorcheln reizvoller. Im Süden tobt sich die Kultur der Beach-Clubs und Day-Lounge-Betten aus, für die Ibiza mittlerweile berühmt ist. Hier ist am meisten los.

Das Highlight:
Cala Comte (Westen)
In der Cala Comte gibt es die leuchtendsten, paradiesischsten Strände Ibizas. Allein schon die Farben des Wassers, die seicht ins Wasser abfallenden Strände! Und dann noch dieser Blick: auf die winzigen Felseninseln Conillera und Es Bosc, die den Buchten ein Freiheitsgefühl und etwas Geschütztes geben. Einfach traumhaft. Besonders schön ist es in der Cala Comte am Abend. Die Sonne versinkt mit einem Farbspektakel im Meer. Es gibt kaum etwas Schöneres, als ihr in der Abenddämmerung entgegenzuschwimmen. Drei Buchten gehören zur Cala Comte. Eine der drei, die kleinste, wird vor allem von Nacktbadern benutzt. Der einzige Wermutstropfen: Ein solches Strandparadies ist auf einer Ferieninsel natürlich überlaufen.

Der Genuss: S'Aigua Blanca (Osten)
Das Gegenstück zur Cala Comte im

Westen: S'Aigua Blanca ist die Perle der Strände im Osten! Nirgends ist es schöner, der aufgehenden Sonne entgegenzuschwimmen. Der Blick ist herrlich: Am Horizont liegen die Insel Tagomago und das Kap Punta Grossa. Am breiten Strand finden alle ein passendes Fleckchen: Familien mit Kindern, die neben dem seichten Einstieg ins Wasser auch den frühen Schatten schätzen, um die Kinderhaut zu schonen, Nacktbader, Singles, Paare, Cliquen und natürlich auch Musikfans – am südlichen Ende des Strandes läuft im Chiringuito ibizatypische Musik. Im Norden dagegen reiben sich die Wellness-Fans mit der roten Erde ein – sie soll sehr gesund für die Haut sein. Ebenso wie an der Cala Comte wird das Paradiesische einzig davon getrübt, dass bereits auf den Parkplätzen und Zufahrtsstraßen häufig die Hölle los ist.

Die Insiderbucht.
Cala d'es Xuclà (Norden)
Klein und felsig – so etwas wie ein Insidertreff. Die Cala d'es Xuclà ist der Liebling von vielen, die sich auf Ibiza niedergelassen haben. Mit Handtüchern liegen sie auf den Felsen vor den Bootshäuschen und genießen die Ruhe in dieser kleinen Bucht, die als besonders friedlich, naturnah

und schwer zu erreichen gilt. Viele haben Taucherbrillen dabei, denn das Schnorcheln lohnt sich hier oben im Norden. Eine kleine Strandbude sorgt für das Nötigste. Auch Liegen und Sonnenschirme können Sie dort leihen.

Traumhafter Ausblick:
Cala S'Illot des Renclí (Norden)
Die Cala S'Illot des Renclí ist eine der vielen kleinen Buchten, ganz in der Nähe der Cala d'es Xuclà, die felsiger und unzugänglicher sind und weniger Badekomfort bieten. Naturgenießer nehmen es in Kauf, mit ihren Handtüchern vor den Bootshäuschen auf den Felsen zu liegen, und lieben sie trotzdem. Einer der besten Orte zum Schnorcheln. Oberhalb des Strandes gibt es ein unscheinbares Restaurant, dessen Küche deutlich besser ist als vermutet – Versuchen Sie ruhig die Paella! Der Blick von hier oben aufs Meer ist geradezu himmlisch.

Restaurant S'Illot des Renclí
Carretera Portinatx Km 25,3
07810 Sant Joan de Labritja
Tel: 0034 971 320585
Täglich 9.30 – 20.00 Uhr

mehr Beach-Clubs zu bieten, etwa das Sa Trinxa, aber auch einen nervigen Großparkplatz.

El Chiringuito
(Siehe S. 32)

Die Beach-Clubs:
Cala des Jondal (Süden)
Das Meer als Kulisse: Mit dem Blue Marlin hat die Cala Jondal den riesigen, derzeit angesagtesten Beach-Club Ibizas zu bieten. Day-Lounge-Betten stehen an dem steinigen Strand, ein DJ mixt Lounge- und Chill-out-Rhythmen zu den Cocktails. Das neue Ibiza pur – für manche auch in Überdosis ... Im Yemanja nebenan bekommen Sie übrigens ausgezeichnete Muschelgerichte.

Yemanja
Cala Jondal
07820 Sant Antoni de Portmany
Tel: 0034 971 187481
www.yemanjaibiza.com
Täglich 10.00 – 0.30 Uhr

Rot, klein, karthagisch:
Sa Caleta (Süden)
Ein schönes, kleines Ensemble, eingerahmt von roten Felsen und Sandstrand. Ein paar Liegen stehen vor den Bootshäusern. Oberhalb des

Chill-out: Platja d'es Cavallet (Süden)
Der Mix aus Beach-Club und Strand ist an der Platja d'es Cavallet unübertroffen. Herrlich kann man hier ganze Tage auf den Day-Lounge-Betten verbringen, dabei frisch gepresste Säfte, Cocktails oder Schampus trinken oder sich ein Lieblingsgericht nach dem anderen schmecken lassen. Dazu mixt ein DJ den typischen Ibizasound. Der Sandstrand ist nicht der sauberste, dafür wächst am Meeresgrund Posidonia-Seegras, das von der UNESCO unter Artenschutz gestellt wurde. Wem es im El Chiringuito zu stylish ist, der kann es sich unweit am Cap d'es Falcó an der Platja d'es Codolar auf den Matten gemütlich machen. Es Cavallet gehört zu den Stränden mit der längsten Nacktbadetradition, und das Chiringay am anderen Ende des Strandes ist seit Jahrzehnten ein sehr beliebter Treffpunkt für alle, die es gleichgeschlechtlich lieben. Die Platja de ses Salinas um die Ecke hat

Strands gibt es ein einfaches Restaurant. Sa Caleta hat sogar noch mehr zu bieten: Die UNESCO hat die Fischerbucht als Weltkulturerbe ausgezeichnet. Von den Karthagern sind nämlich noch ein paar Mauerreste aus dem 7. Jahrhundert v. Chr. übrig geblieben. Um die Ecke liegt übrigens gleich die Promibucht Es Bol Nou.

Restaurant Sa Caleta
Platja de Bol Nou
07818 Sa Caleta
Tel: 0034 971 187095

FORMENTERA

Karibische Gefühle im Mittelmeer auf Formentera. Weiße Sandstrände, leuchtendes, klares Wasser … Einfach traumschön! Und dazu die klapprigen Strandbuden und Robinson-Crusoe-Restaurants direkt am Meer.

Die Karibik im Mittelmeer:
Platja de ses Illetes (Norden)
Die Dünen und Holzstege im Natur-schutzgebiet Ses Salinas sehen noch europäisch aus – der weiße, feine Sand und das in vielen Türkistönen leuchtende Meer strahlen umso mehr eine betörende Exotik aus. Die Platja de ses Illetes hat sich daher immer mehr zum Strand der Reichen und Schönen entwickelt. Luxusjachten liegen reihenweise vor der Küste. Nirgends auf den Inseln ist das Baden so schön wie hier. Glasklares Meer, seicht ins Wasser abfallender Strand – ein Traum!

Lieblingsstrand:
Platja de Migjorn (Süden)
Hier stimmt einfach alles! Die Farbe des Meeres, der Sand, die Stimmung … Ein herrlich relaxter, kilometerlanger Sandstrand mit vielfältigen Atmosphären und Menschen. Einige der berühmtesten Chiringuitos Formenteras reihen sich an der Platja de Migjorn aneinander: darunter das Sunsplash, die Blue Bar und der Pirata Bus. Wer Hippiestrände auf Ibiza sucht, findet sie hier rund um die einfachen Holzbuden am Meer! Dazu noch so ein Robinson-Crusoe-Fischresteraunt wie das Sa Platgeta. Im Gecko Club präsentiert sich ein eleganteres Publikum. Auch wenn die Platja de Migjorn nicht das Niveau eines Bilderbuchstrands erreicht und

an manchen Stellen naturbelassener wirkt mit dem angespülten Seetang, ist der Wohlfühlfaktor hier unübertroffen.

Legendär! Der Piratenbus ist zwar mittlerweile einer klapprigen Strandhütte gewichen, die Stimmung aber noch immer herrlich. Laissez-faire am Meer. Eine improvisierte Holzbude mit ein paar Barhockern und Stühlen und allem, was Piraten eben so brauchen. Drumherum lagern Schönheiten, Kinder und Freaks ... Spielen, plaudern, den sanften Wellen lauschen oder der Musik.

Pirata Bus
07871 Platja de Migjorn
Km 11

Die helle, saubere, elegante, nicht besonders markante Hotelalternative direkt am Meer ist der Gecko Beach Club. Für Familien und Hochzeiten überaus geeignet. Terrasse, Pool, Garten, Strand ... Alles, was das Herz begehrt. Der Club gehört zu den Klassikern auf Formentera – auch wenn er fast ein bisschen zu glatt ist für den Flow der Platja de Migjorn. Dafür aber bestens gelegen: praktisch, quadratisch, gut!

Gecko Beach Club
07871 Platja de Migjorn
Tel: 0034 971 328024
www.geckobeachclub.com

Ein bisschen wie in den Dünen auf Sylt, bloß ganz in Blau und abgedreht: die Blue Bar. Sie ist schon lange eine Institution. Mittlerweile mit Old School Charme. So ein bisschen auch wie „Raumschiff Enterprise" unter den Science-Fiction-Filmen. Ein DJ legt auf. Noch immer ein Treffpunkt zum Sonnenuntergang. Die Renner sind dann Aperol-Sprizz und Mojito.

Blue Bar
07871 Platja de Migjorn
Es Arenals Km 8

STRANDBUDE, KIOSCO, CHIRINGUITO

So einfach kann das Schöne sein: frische Fischgerichte, leichte Salate, Fruchtsäfte, Kaffee, Cocktails und das glitzernde Meer als Kulisse. Einfach herrlich! Chiringuitos können klapprige, improvisierte Holzbuden mit ein paar Barhockern, Tischen im Sand und leiser Musik sein – oder auch bis ins kleinste Detail durchdesignte Beach-Clubs mit Day-Lounge-Betten, Lifestyle-Boutiquen und eingeflogenen DJs. Auf Ibiza und Formentera finden sie sich in allen Varianten. Entweder heißen sie Chiringuito, Xiringuito oder Kiosco. Auf den Inselstränden sind die Buden Kult. Fast jeder Strand hat seinen Chiringuito. Die Fischgerichte sind meist überraschend gut. Fast alle Chiringuitos befinden sich nämlich seit Jahrzehnten in Familienhand – häufig fährt noch irgendein entfernter Verwandter mit dem Boot hinaus aufs Meer und fängt einen Großteil der Fische für die Bude. Vom Lifestyle-Beach-Club bis zum Robinson-Crusoe-Feeling: Nie schmeckt frisch zubereiteter Fisch besser als mit nassen, salzigen Haaren am Tisch sitzend und mit nackten Füßen im Sand.

PARTYTIME

Durchfeiern, durchtanzen, flirten, am Strand ausschlafen ... Nachts leben und tagsüber am Strand relaxen – das geht nirgends so gut wie auf Ibiza. Vor allem junge Menschen aus allen Schichten leben sich in Ibizas riesigen Clubs zu elektronischer Musik aus. Eintritt und Getränke sind nicht eben preiswert, ein Besuch kann um die 50 Euro kosten, ein kleines Wasser schon mal zehn ... Tickets bekommt man abends an den Kassen, oder auch vorher und billiger bei Promotern, an vielen Verkaufsstellen oder im Internet. Die meisten Clubs bieten mehrere Tanzflächen, Ebenen und verwinkelte, versteckte Räume. Sie sind eine eigene Welt für Tausende von feierwütigen Partygängern. In der Regel öffnen die Clubs gegen Mitternacht, richtig ab geht's dann aber erst gegen zwei, drei Uhr. Von Eivissa und Sant Antoni fährt ein Disco-Bus ab Mitternacht zu den meisten Locations. Hier ist eine kleine Auswahl:

Wer zu früher Morgenstunde in den Pool fliegt, macht sich am besten einen Spaß daraus.

Carrer d'Eivissa 7
07816 Sant Rafael de sa Creu
Tel: 0034 971 198160
www.privilegeibiza.com

Pacha

Am berühmtesten ist das sich perfekt vermarktende Pacha. Seit 1973 ist es eine Institution auf der Insel. 3000 Leute, drei Ebenen, eine Megaparty. Markenzeichen sind zwei rote Kirschen: Bereits am Flughafen blicken sie Ihnen überall entgegen.

Avinguda del 8 d'Agost
07800 Eivissa
Tel: 0034 971 313612
www.pacha.com

Privilege

Größer ist das Privilege in der Nähe von Sant Rafael. Bis zu 10 000 Leute gehen freitags zu den legendären Manumission-Partys. Für gute „Vibes" und guten „Spirit" wollen Dawn und Andy, die britischen Besitzer, sorgen. Die wildesten Zeiten sind allerdings vorbei – als in den Performances noch freie Liebe geboten wurde wie auch sonst im Club. Noch immer gilt:

Amnesia

Bob Marley, Led Zeppelin und Prince traten hier früher vor 5000 Leuten auf und machten den Club legendär. Seit den Neunzigerjahren läuft im Amnesia wie überall auf Ibiza elektronische Musik. Außergewöhnlich sind die Foam Partys mit Resident DJs, in denen riesige Mengen Schaum in regelmäßigen Intervallen von oben auf die Tanzfläche gesprüht werden.

Carrer d'Enmig 4
07800 Eivissa
Tel: 0034 670 065162
www.amnesia.es

KM 5

Arabische Zelte stehen in einem weitläufigen Lounge-Garten mit verschiedenen Sitzecken ... Das KM 5 verfolgt ein anderes Konzept als die ganz großen Clubs wie das Pacha, Privilege oder Amnesia.

Es wendet sich im Lounge-Stil an nachthungrige Ausgeher. Das angeschlossene Restaurant, geführt von dem Belgier Patrick Soks, spielt eine wichtigere Rolle und bietet gutes Essen.

Carretera Sant Josep Km 5,6
07830 Sant Josep de sa Talaia
Tel: 0034 971 308575
www.km5-lounge.com
Täglich 20.00 – 4.00 Uhr

JOCKEY CLUB
SALINAS • IBIZA

Jockey Club
Exklusiver noch ist der Jockey Club: wunderbar für einen Sonntagnachmittag mit Massage und Leckereien am Strand geeignet – weniger allerdings für lange, excessive Nächte ... Exklusive Beach-Bars in diesem Stil, die bis in die Nacht geöffnet haben wie das Sa Trinxa, gibt es auf Ibiza immer häufiger.

Platja de ses Salinas
07817 Las Salinas
Tel: 0034 971 395788
www.jockeyclubibiza.com

Teatro Pereyra
Mit dem Flair des Nostalgischen lassen sich in Eivissa ganze Nächte durchtanzen. In dem alten, kubanisch anmutenden Gebäude gibt es Live-Musik. Bis in die frühen Morgenstunden wird getanzt. Tagsüber kann man Kaffee trinkend in den Kolonnaden sitzen und dem Treiben der Stadt zusehen.

Comte Rosselló 3
07800 Eivissa
Tel: 0034 971 304432
www.teatropereyra.com

Chirincana
Einfach ist das Chirincana. Die unregelmäßig stattfindenden Tanznächte mittwochs und sonntags am Strand sind sehr beliebt.

Cala Martina
Es Canar
07840 Santa Eulària des Riu
Tel: 0034 971 338525

Den ibizatypischen Sound, Chill-out und Lounge, verdanken die Ibizenkos einem mittlerweile weltberühmten DJ: José Padilla. Er kam im Café del Mar auf die Idee, die Musik in der Abenddämmerung punktgenau zum Sonnenuntergang abzumischen. Seit 1991 brandet Abend für Abend nun der Applaus an diesem ansonsten eher unwirtlichen Ort auf, sobald der letzte Sonnenstrahl spektakulär im Meer versinkt. Die erste CD des „Café del Mar" erschien 1994 – damit war ein neuer Sound geboren. Die Lounge- und Chill-out-Musik begann mit Padilla und den atemberaubenden Sonnenuntergängen an der Westküste Ibizas. José Padilla arbeitet übrigens seit 1999 schon nicht mehr im Café del Mar. 2011 legte er mittwochs zum Sonnenuntergang in dem unscheinbaren, aber herrlich an den Felsen am Meer gelegenen Hostal La Torre in der Nähe von Sant Antoni auf.

Hostal La Torre
Urbanisación Cap Negret 25
07820 Sant Antoni de Portmany
Tel: 0034 971 342271
www.hostallatorreibiza.com
Täglich 9.00 – 24.00 Uhr
Preise: DZ 30 – 170 Euro

Jung, schön, leicht bekleidet und voller Sehnsüchte kamen in den Sechzigerjahren die Hippies nach Ibiza – auf eine weltvergessene Insel, die trotz Franco und seiner Diktatur mehr oder weniger sich selbst überlassen war. Das Leben war extrem einfach und billig. Geld spielte kaum eine Rolle. Dafür zählten die Träume von Freiheit, Selbstverwirklichung und Liebe. Strom und fließendes Wasser gab es selten. Drogen, freie Liebe und Musik dagegen reichlich … Ibiza gehörte schon bald zur Hippie-Route, auf der junge sehnsüchtige Idealisten aus den europäischen

Metropolen bis ins indische Goa aus der Enge des bürgerlichen Lebens ausbrachen. Die Eröffnung des Flughafens 1958 läutete eine neue Form des Tourismus auf Ibiza ein, der trotz des faschistischen Franco-Regimes ironischerweise mit freiheitssuchenden Hippies begann. Sie verwandelten die Insel. Einige mieteten sich bei Ibizenkos ein, die angetan waren von ihnen: Viele Hippies waren kultiviert, gefühlvoll und lebenshungrig. Sie brachten Geld auf die Insel. Und Spaß! Mit einem Mal war auf der stillen, beschaulichen Insel was los. Schöne Frauen und Männer badeten nackt im Meer, trafen sich zu Festen am Strand und in den Kneipen. Manche von ihnen leben noch immer auf den Inseln, sind hier alt geworden, schwärmen von dieser Zeit, zeigen schöne Fotos und können viele Geschichten erzählen. Die Voraussetzung für das „golden age" der Hippiekultur verkehrte sich in den vergangenen Jahrzehnten wiederum in ihr Gegenteil: Das Leben auf den Inseln ist mittlerweile eher teurer als in den europäischen Metropolen. Eine Spielwiese für junge Müßiggänger, Idealisten oder Aussteiger ist Ibiza jedenfalls nicht mehr. Die jungen Hedonisten gönnen sich heute nur noch kurze Ferien

auf der Insel, um ihren Alltag für einen Augenblick zu vergessen.

Bar Anita

Hier und da gibt es noch Spuren aus der Hippiezeit: die touristisch einschlägig vermarkteten Hippiemärkte etwa oder auch die Bar Anita in Sant Carles. Sie war in den Sechzigerjahren so etwas wie der Treffpunkt im Norden der Insel. Alle Drähte liefen hier zusammen. Bar Anita hieß die Postadresse einiger Hippies, deren Briefe hier ankamen und in den dunkelbraunen Holzschränken auf sie warteten. Auch die einzige Telefonzelle im Norden der Insel stand hier. Anita ist längst gestorben, Telefonzellen braucht kein Mensch mehr und Postfächer ebenso wenig. Eine einfache, typisch ibizenkische Bar ist geblieben mit ein paar Tischen draußen an der Straße – an einem schönen Platz vor der Kirche von Sant Carles. Im Innenhof wimmelt es vor Gästen und in den riesigen Räumen treffen sich noch immer einheimische Großfamilien, um bei

sch spanischen Snacks
...chtigen Fußballspielen
...ser Runde zu bejubeln.

07850 Sant Carles de Peralta
Tel: 0034 971 335090
Täglich 7.00 – 2.00 Uhr

Hippiemarkt

Die Hippiemärkte der Siebzigerjahre sind Geschichte. Wer sich den Spaß trotzdem nicht verderben lassen will, schaut sich am besten Las Dalías in der Nähe von Sant Carles an. Genialisch spontan entstandene Kunsthandwerke, mit denen die Hippies früher ihr Leben bestreiten konnten, sind zwar in der Masse billiger Importe aus Indien, China und Taiwan selten, trotzdem hat Las Dalías sich zumindest ein wenig von seinem Flair bewahrt. Das ganze Jahr über findet der Hippiemarkt samstags von 10.00 Uhr bis Sonnenuntergang statt. Größer, aber auch noch verramschter, ist der ebenfalls legendäre Hippiemarkt in Es Canyar.

Las Dalías
Carretera Eivissa – Sant Carles Km 12
Tel: 0034 971 326825
www.lasdalias.es
Samstag 10.00 – 19.00 Uhr, im
Sommer montags auch ab 19.00 Uhr

Ein Modestil als Kulturgut Ibizas

Inspiriert von der Hippiebewegung und den Trachten der Pityusen entstand 1971 mit dem Adlib-Label der Modestil Ibizas, der offiziell als Kulturgut von der Regierung gefördert wird. Die ersten Adlib-Kleider waren sehr einfach, unschuldig und sexy: weiß und leicht, aus natürlichen Stoffen mit traditionellen Applikationen – wie die Anmutung der weißen Insel. Ungefähr zehn Modedesigner verkaufen unter der Dachmarke Adlib. Jedes Jahr findet eine eigene Adlib-Modenschau statt.

Ecological Center: La Casita Verde

La Casita Verde ist der Treffpunkt für Interessierte an Organic Food, alternativen Energien und nachhaltigen Lebensformen. Sonntags von 14.00 bis 16.00 Uhr sitzen alle zusammen bei einem großen vegetarischen Essen. Außerdem gibt es viele Workshops und andere Programme. Alle Bio-Anbieter der Insel sind auf der Webseite der Casita Verde vertreten.

Apartado Correo 441
07820 Sant Antoni de Portmany
Tel: 0034 971 187353
www.casitaverde.com
Sonntag 14.00 – 18.00 Uhr und
Donnerstag 12.00 – 23.30 Uhr

Freie Liebe zum Internet

Der alte Hippiegeist lebt dort, wo man ihn nie erwarten würde: in den modernen Kommunikationsmedien. Internetverbindungen sind auf Ibiza so offen wie wohl an kaum einem anderen Ort dieser Welt. Das Freiheitsgefühl, das auf der Insel noch immer spürbar ist, drückt sich sogar im Netz aus. Fast keine Netzverbindung ist geschützt. Also: einfach den Laptop aufklappen und lossurfen.

Auf Formentera sind die Verbindungen übrigens oft langsam. Ein Tipp: Im Can Toni im Osten der Insel ist die Netzgeschwindigkeit besonders schnell.

971 – DIE VORWAHL IBIZAS & FORMENTERAS

Die Vorwahlen zu durchschauen ist auf den Inseln sehr einfach: Alle Festnetznummern haben die Vorwahl „971". Das heißt, alle anderen Vorwahlen stammen aus dem Handy-Netz.

SIESTA UND DER LADEN IST DICHT

Mittagsschlaf? Klingt nach vollen Windeln und strengen Eltern. Eine

Siesta dagegen duftet nach Mittelmeer und Maultieren, Schatten und Süden. Angeblich gehört die Ruhe nach dem Essen sogar zum gesunden Leben wie frisch gepresste Säfte und ein bisschen Sport: Wir werden schöner, vitaler, glücklicher und leben länger. Auf den Inseln jedenfalls trotzt der alte spanische Brauch aus den Zeiten eines langsamen, gemächlichen Lebens gar allen Verlockungen des schnellen Geldes: Selbst in der Hochsaison haben die Geschäfte in der Regel zwischen 14 und 17 Uhr geschlossen, Ämter so-wieso. Allerdings nehmen es die Ibizenkos mit ihren Öffnungszeiten meist nicht so genau.

SHOPPEN

Shoppen in Eivissa macht Spaß, ist aber kein Highlight: Originelle, interessante Store-Konzepte sind nämlich selten. Bei all der Prominenz und dem vielen Geld auf der Insel eigentlich überraschend. Alle großen Marken sind natürlich vertreten. Am dichtesten ist das Angebot in Eivissa. In den alten Gassen der Hauptstadt stechen heraus:

GALY
Fashion Designer von Alaia bis Jil Sander

Avinguda Bartolomé Rosselló 5
07800 Eivissa
Tel: 0034 971 191467
Montag – Samstag 10.30 – 14.00 Uhr
und 17.30 – 21.30 Uhr

Mayurka
Von Moncler über Stella McCartney bis zu Marc by Marc Jacobs

Paseo de Vara de Rey 10

07800 Eivissa
Tel: 0034 971 194802
Montag – Samstag 10.30 – 14.00 Uhr
und 17.30 – 21.30 Uhr

NYC Ibiza
Von Chloé, Dries van Noten, Pucci, Michael Kors bis zu Yves Saint Laurent

Paseo de Vara de Rey 8
07800 Eivissa
Tel: 0034 971 199756
Montag – Samstag 10.30 – 14.00 Uhr
und 17.30 – 21.30 Uhr

sita murt/

sita murt – Pop-up Store Ibiza
Die katalanische Modedesignerin Sita Murt hat hier ihren Laden.

Carrer Vicente Ramón Bartomeu 15
07800 Eivissa

---

www.sitamurt.com
Montag – Samstag 10.30 – 14.00 Uhr
und 17.30 – 21.30 Uhr

NOSS fashion for women
Nature basics

Carrer Bisbe Azara 2, 07800 Eivissa
Montag – Samstag 10.30 – 14.00 Uhr
und 17.30 – 21.30 Uhr

Ibiza Republic
Die aktuelle Kollektion von Ibiza Republic und ein paar Kikoys

Carrer de la Creu 25, 07800 Eivissa
Tel: 0034 971 191305
www.ibizarepublic.com
Montag – Samstag 10.30 – 14.00 Uhr
und 17.30 – 21.00 Uhr

Caleçon Club
Bikinis

Carrer Guillem de Montgri 9
07800 Eivissa
Montag – Samstag 10.30 – 14.00 Uhr
und 17.30 – 21.00 Uhr

Elisa F. – Always Summer
Longshirts, Kleider

Carrer Bisbe Azara 4
07800 Eivissa

www.elisaf.com
Montag – Samstag 10.30 – 14.00 Uhr
und 17.30 – 22.00 Uhr

Babaz
Edelversionen von Hippiekleidern

Plaça de la Constitució 8
Mercado Viejo
07800 Eivissa
Tel: 0034 971 315706
Montag – Samstag 10.30 – 15.00 Uhr
und 18.00 – 24.00 Uhr

Maßgeschneiderte Lederschuhe
in Santa Agnès de Corona
Von außen sieht die Cas Sabater unscheinbar aus, dabei fertigt Manfred Postel drinnen hochwertige Lederschuhe. Seine klassischen, zeitlosen und kostspieligen Modelle sind Kult, daher ist die Warteliste lang. Wer sich aus Ibiza was fürs Leben mitnehmen möchte, ist auf dem Weg zur Puerta del Cielo in der Cas Sabater richtig: Auch Gürtel, Taschen, Portemonnaies und Brillenetuis aus Leder werden von ihm angefertigt. We promise: They last forever!

Tel: 0034 971 805051
www.cas-sabater.com

Mitbringsel

Kikoy-Strandtuch

Kikoys in allen leuchtenden Farben werden an jeder Ecke auf Ibiza verkauft. Sie kommen zwar aus Kenia, sind aber wunderschön und mittlerweile nicht mehr von den Inseln wegzudenken. Manche sind auf einer Seite mit Frottee gefüttert wie ein Badetuch. Die edle Variante ist sogar handgewebt. Ideal für Strandtage auf Ibiza – und gefaltet lassen sie sich auf engstem Raum als Mitbringsel in jedem Gepäckstück verstauen.

Sal de Ibiza

Ein kleines Döschen Sal de Ibiza passt überall hinein. Ein Stück Meer des Parc natural de ses Salines d'Eivissa kann man auf diese Weise mit nach Hause nehmen. Das zu 100 Prozent naturbelassene Meersalz ist reich an Mineralien und wird noch in uralten Steinmühlen gemahlen. Am besten zu kaufen in der Casita Ibicenca in Eivissa. Sal de Ibiza gibt es aber überall – auch am Flughafen.

La Casita Ibicenca
Carrer d'Enmig 8
07800 Eivissa
Tel: 0034 619 471436

Ibiza-Tasche

Die kultige old school Ibiza-Korbtasche ist ein schönes Mitbringsel von den Inseln. Sie ist überall und in allen möglichen Varianten zu bekommen.

Kettchen und Armbändchen

Schmuck finden Sie auf der ganzen Insel. Tolle Steine gibt es auch, dazu Lederbändchen in allen Farben und Formen.

Sal de Ibiza

Die Salinen waren viele Jahrhunderte lang die Haupteinnahmequelle der Insel. Die Karthager haben hier bereits Salz abgebaut. Bis ins 19. Jahrhundert hinein leisteten alle Ibizenkos ihren Beitrag zu den Salinas. Und aus dem feinsten naturbelassenen, ibizenkischen Meersalz werden die verschiedenen Sal de Ibiza-Produkte hergestellt.

www.saldeibiza.com

ibizkus

Wein: Ibizkus Rosado

Der zarte Hauch Rosa in den Rosé-Flaschen von Totem Wines lässt bereits Bestes erhoffen. Und ja, Totem Wines hat die Weinkultur Ibizas auf ein neues Niveau gehoben. Toll ist der Ibizkus Rosado für 17 Euro die Flasche.

Cami Viejo San Mateo
500 Meter vom Hippodromo
San Rafael entfernt
Tel: 0034 971 198344
www.ibizkus.com

Fisch

Ein sehr guter Tipp für Fischgerichte ist das Restaurant Es Torrent. Hier bekommen Sie direkt am Strand herrlich frische Fische und Muscheln zubereitet.

Es Torrent
(Siehe S.107)

Fleisch

Typische Fleischgerichte vom Grill und aus dem Ofen gibt es in dem authentischen spanischen Landgasthof Es Caliu. Auf der großen Terrasse ist viel Platz zwischen den Tischen. Seit über vierzig Jahren betreibt vornehmlich dieselbe Belegschaft den Laden. Zur Verdauung gibt es einen Hierbas, einen hausgemachten Likör aus über zwanzig Kräutern.

Restaurante Es Caliu
Carretera Sant Joan Km 10,8
Tel: 0034 971 325075
www.escaliuibiza.com

Tortilla
Eine Tortilla im Can Cosmi in Santa Agnès de Corona gehört zu jeder Ibizareise!

Cafeteria Can Cosmi
(Siehe S. 152)

Pan Tomat
Das Pan Tomat in der Bar Costa in Santa Gertrudis ist Kult! Einmal sollten Sie mindestens auf den Schemelchen draußen gesessen haben.

Bar Costa
(Siehe S. 158)

Tempura de Verdura con Salsa de Naranja
Ein wunderbarer, leichter Snack: das frittierte Gemüse in der Bar Can Berri!

Bar Can Berri
(Siehe S. 118)

Paella
An einer Paella im Ses Boques kommt auf einer Ibizareise eigentlich niemand so richtig vorbei. Einmal Robinson-Crusoe-Feeling und die spanische Spezialität in bester Qualität!

Sogar eine Sangria darf man hier dazu trinken.

Ses Boques
(Siehe S. 98)

Bullit des Peix
Das Gericht Ibizas! Und nirgends wird es besser zubereitet als in den verbeulten Töpfen über dem offenen Feuer im El Bigote.

El Bigote
(Siehe S. 204)

Chipirones rebozados
Die frittierten Baby-Kalamares im Sa Platgeta sind ein Must-have auf Formentera! Und das an diesem angenehmen Strand.

Sa Platgeta
(Siehe S. 72)

Pescado a la sal
Für besondere Anlässe am Strand: Der Fisch in Salzkruste im Juan y Andrea ist zwar kostspielig, aber umso

köstlicher. Ein Vergnügen, in Formentera am schönsten Meer zu sitzen und Fische auf die beste erdenkliche Weise zubereitet zu bekommen. Allein schon das Öffnen der Salzkruste ist eine Augenweide.

Juan y Andrea
(Siehe S. 58)

Cocktail Es Cucons

Den besten Cocktail haben wir nicht in einer Nachtbar getrunken, sondern bei Feuerschein im Garten unterm Sternenhimmel sitzend in unserem Lieblingshotel auf dem Land!

Es Cucons
(Siehe S. 132)

Flao

Den besten Flao, einen Käsekuchen mit Minze, gibt's in einer alten Patisserie in Eivissa: Mari Vadell. Und auch die Coca di pimiento, eine Art Paprikapizza, probieren!

Forn i Pastisseria Mari Vadell
Carrer Anibal 13 und Carrer Canarias 1
07800 Eivissa
Tel: 0034 971 310728 und
0034 971 301452
Montag – Freitag 8.00 – 13.30 Uhr
und 17.00 – 20.00 Uhr,
Samstag 8.00 – 13.30 Uhr

AKTIVITÄTEN

Hippie yeah:
Mit der Ente über die Insel sausen
Mit offenem Dach über die holprigen Feldwege an die verstecktesten Strän-

de knattern: Das geht mit keinem Auto besser als mit einer Ente! Kein Wagen der Welt passt so gut zu Ibiza wie der Citroen 2CV. Schließlich lautete der Auftrag von Citroën an den Enten-Konstrukteur André Lefèbvre: „Entwerfen Sie ein Auto, das Platz für zwei Bauern mit Stiefeln und einen Zentner Kartoffeln oder ein Fässchen Wein bietet, mindestens 60 km/h schnell ist und dabei nur drei

Liter Benzin auf 100 km verbraucht. Außerdem soll es selbst schlechteste Wegstrecken bewältigen können und so einfach zu bedienen sein, dass selbst eine ungeübte Fahrerin problemlos mit ihm zurechtkommt. Es muss ausgesprochen gut gefedert sein, sodass ein Korb voll mit Eiern eine Fahrt über holprige Feldwege unbeschadet übersteht." Enten sind Kult! Bei Ducks United können Sie seit 2009 generalüberholte 2CVs und Burtons mieten. Ducks United bringt die Ente nach einer rauschvollen Nacht übrigens sogar wieder nach Hause. Die etwas andere Autovermietung tritt nämlich für den „Duck-Life-Style" ein: Spaß, Spaß, Spaß – das Leben mit einem Gefühl für Stil zu genießen und sich nachhaltig für eine bessere Welt einzusetzen. Ein Teil der Automietgebühr wird daher der Kinderhilfsorganisation „Max Foundation" für sauberes Wasser in armen Ländern gestiftet – denn: Was wäre eine Ente ohne Wasser?

Ducks United:
Rent a Car and a Lifstyle
Carrer Rio de la plata 4
Can Bofill, 07800 Eivissa
Tel: 0034 689 104062
www.ducksunited.com

Vom Schlauchboot bis zur Luxusjacht

In die verstecktesten und einsamsten Buchten zu brausen ist auf Ibiza herrlich. Auf der Insel gibt es zahllose Anbieter von Boots- und Jachtausflügen. Auch viele Hotels, Beach-Clubs und Restaurants haben Touren im Angebot. Wer ganz allein über die Wellen jagen möchte, findet beispielsweise bei Motonautica ein breites Angebot – vom Motorschlauchboot bis zur Jacht.

Motonautica
Carretera del Aeropuerto Km 3,5 und
Puerto Marina Ibiza
Tel: 0034 971 398109 oder
0034 971 306665 oder 0034 971 315464
www.motonauticaibiza.com
Preise: 250 – 1800 Euro pro Tag

Über die Insel schweben

Sich mit der Sonne erheben und einmal im Heißluftballon über die Insel schweben. Die meisten Flüge starten sehr früh mit der Morgendämmerung – manche auch kurz vor Sonnenuntergang. Bis zu vier Personen haben in einem Korb Platz. Der ganze Ausflug dauert etwa drei bis vier Stunden, wobei die reine Flugzeit zwischen einer halben und einer Stunde liegt.

Organisieren lässt sich der federleichte Ausflug beispielsweise mit:

Kids in Ibiza
Christina Bosmans
Tel: 0034 680 992145
Preise: Erwachsene 170 Euro,
Kinder 130 Euro

Oder auch:
Ibiza en Globo
José R. Mancebo Azor

Tel: 0034 630 410167
www.ibizaenglobo.com
Preise: Erwachsene 170 Euro,
Kinder 130 Euro

Auf dem Zweirad:
Ibiza ist berühmt für Yoga, Tanzen und Wassersport, nur wenige wissen, dass auf der ganzen Insel wunderschöne Radwege ausgewiesen sind. Vor allem zu Frühjahrsbeginn und im späten Herbst ist es herrlich, die Insel mit dem Rad zu erkunden. In jeder Touristeninformation gibt es die Karten mit Radtouren, die farblich an allen großen Kreuzungen bestens ausgeschildert sind.

FORMENTERA: ROLLER SIND KULT!

Einfach herrlich, durch die Sonne über die Insel zu brettern und dabei an die verborgensten Strände zu gelangen. Auf Formentera dürfen Sie übrigens auch ohne Motorradführerschein einen Motorroller bis 125 ccm leihen. Ein Traum! Rund um den Hafen Formenteras blüht der Vespa-Verleih.

Mitten auf dem Land zieht dieses winzige Städtchen auf magische Weise interessante Leute an. Niemand wüsste wahrscheinlich genauer zu sagen, was an Santa Gertrudis so anders, so speziell ist, schon gar nicht, seit die Sträßchen um das ibizatypische weiße Kirchlein aus dem 18. Jahrhundert verkehrsberuhigt wurden und dadurch an Flair eher verloren haben. Fast schon zu aufgeräumt, kulissenhaft und touristisch wirken sie. Und trotzdem: Es ist jedes Mal ein Vergnügen, durch die Gassen zu schlendern und durch die kleinen Boutiquen zu bummeln, von einem Café oder Restaurant ins nächste zu ziehen und sich unter den Menschen umzusehen. Auf keinen Fall sollte man die Bar Costa verpassen, um auf den kleinen Schemeln einen Bocadillo zu essen. Aber neben dieser so typischen Bar sind auch neue Trends in Santa Gertrudis gut zu beobachten. In den vielen Restau-

rants, die sich auf engstem Raum um den Platz angesiedelt haben, gibt es immer häufiger Fusion-Gerichte: asiatisch beeinflusste Mittelmeerküche oder Lieblingsgerichte aus aller Welt.

Rohkost im Parawdiso

Eine Abwechslung unter den Restaurants auf Ibiza ist das Eco-Deli-Lounge-Restaurant Parawdiso, das seinen Schwerpunkt auf Rohkost legt. Vor allem die Säfte sind gut. Zu dem Restaurant gehört noch ein Bio-Laden mit Snacks, Süßigkeiten, Wein, Mode, Büchern und Filmen: Fusion eben. Die Trends der Metropolen werden in Santa Gertrudis gern aufgegriffen und ausprobiert.

Venda de Fruitera 4
07814 Santa Gertrudis de Fruitera
Tel: 0034 680 194768
www.parawdiso.org
Montag – Samstag 10.00 – 24.00 Uhr,
Sonntag geschlossen

Spezialitäten im Can Caus

Ein Konzeptstore ist das Can Caus zwar nicht gerade, aber eine ausgezeichnete Adresse, um sich mit Wurst- und Käsespezialitäten von der Insel einzudecken. Außerdem gibt es hier die Hierbas Ibicencas, die in vielen Restaurants der Insel als Verdauungsschnaps angeboten werden. Die Grillgerichte im dazugehörigen Restaurant sind ebenfalls sehr gut.

Carretera San Miguel – Santa Gertrudis Km 3,5
Tel: 0034 971 197516
www.cancaus-ibiza.com

FORMENTERA KULT: FONDA PEPE

Wenn es eine Kneipe gäbe, die philosophieren könnte, dann wäre es wohl die Fonda Pepe. Sie gehört seit den Fünfziger- und Sechzigerjahren zu den Kultorten in Spanien. In den Sechzigern wurde sie zum Treffpunkt der Hippies auf Formentera. Seither ist hier Sommer für Sommer jeden Abend die Hölle los. Da die Zeit aber auch wirklich nirgends stehen bleibt, gibt es mittlerweile sogar eine Webseite, auf der alle angefangenen oder noch ausstehenden Kneipengespräche weitergeführt werden können. Auf der Webseite werden auch viele formenteraspezifische Themen diskutiert.

Carrer Major 88
07871 Sant Ferran de ses Roques
Tel: 0034 971 328033
www.fonda.de

KULTUR AUF DEN INSELN

Offene Ateliers

Offene Künstler für eine freie Insel: Der Art Club of Ibiza gibt jedes Jahr die Ruta del Arte heraus, ein Magazin, in dem sich nahezu 100 Künstler vorstellen und zu einem Besuch in ihre Ateliers einladen. Dieses tolle Angebot bietet die Chance, interessante Menschen, schöne Ateliers und Kunst auf Ibiza kennenzulernen. Die Ateliers liegen über ganz Ibiza verstreut. Eine Handvoll Künstler leben und arbeiten auch auf Formentera. In der Ruta del Arte stellen sie sich mit einem Foto und einem ihrer Werke vor. Also einfach das Heft durchblättern oder im Internet surfen, die Künstler anrufen – und schon können Sie einen Termin für einen Atelierbesuch vereinbaren.

Art Club of Ibiza
www.art-club-ibiza.com

Künstler
Sehenswert sind die Arbeiten von
Linde Bialas. Ein großes Gemälde
hängt in dem überaus charmanten
Hotel Les Terrasses. Dort können Sie
die kleine Besichtigung mit einem
guten, französischen Essen verbin-
den. Besichtigungstermine lassen
sich auch telefonisch vereinbaren.

Linde Bialas
c/ Lucio Oculacio
07800 Ibiza
Tel: 0034 971 805002
www.lindebialas.com

Fotografen
Jérome Ferrière fotografiert die internationale Community auf Ibiza seit
2002. Ihn fasziniert die Freiheit auf der
Insel. Seine Reihe „Ibiza People" por-
trätiert nicht nur einzelne Personen,
sondern die Vielfalt an Parallelge-
sellschaften. Manche der Fotos fügen
sich zu einer Art ethnografischer Do-
kumentation der Gesellschaft zusammen und tarieren dabei die Balance
zwischen den Stärken und Schwächen
der Porträtierten feinsinnig aus.

www.ferrierephotography.com

Galerie
Espacio Micus
Carretera Jesus – Cala Llonga Km 3
Tel: 0034 971 191923
www.espacio-micus.com
Sonntag 11.00 – 14.00 Uhr

Museu Puget
Die Sonderausstellungen im Museu
Puget sind manchmal sehr lohnend.
Thematisch stehen sie meist in di-
rektem Bezug zu Ibiza: etwa mit Fo-
tografien aus den Dreißiger- oder
Sechzigerjahren. Toll zu sehen, wie
schnell und radikal sich das Leben
auf der Insel verändert hat. Auch die
2007 eröffneten Ausstellungsräume
und das Gebäude sind sehr schön. In
der Dauerausstellung werden Bilder
der ibizenkischen Malerfamilie Puget (Narcís Puget Viñas, 1874 – 1960,
und Narcís Puget Riquer, 1916 – 1983)
ausgestellt.

Carrer Major 18
Dalt Vila, 07800 Eivissa
Tel: 0034 971 392147
Dienstag – Freitag 10.00 – 13.30 Uhr
und 17.00 – 20.00 Uhr,
Samstag und Sonntag 10.00 – 13.00 Uhr,
Montag und an Feiertagen geschlossen,
im Winter nachmittags von
16.00 – 18.00 Uhr

Museu Arqueológic d'Eivissa

Ausstellungsstücke, vor allem All-
tagsgegenstände, der Phönizier, Römer, Araber bis in die Renaissance.
Highlights: die Statuetten der phö-
nizischen Fruchtbarkeitsgöttin Tanit
und die Besichtigung von Teilen der
Stadtmauer.

Plaça de la Catedral 4
Dalt Vila, 07800 Eivissa
Tel: 0034 971 301231
Dienstag – Samstag 10.00 – 14.00 Uhr
und 18.00 – 20.00 Uhr,
Sonntag 10.00 – 14.00 Uhr,
Montag geschlossen

Interessant ist allein schon ihr Stand-
ort: Vor der Kathedrale Santa María
de les Neus hatten die Karthager hier
ihren Tempel errichtet, die Römer
ihren Merkurtempel und die Araber
eine maurische Moschee. Im Innenraum der gotischen Kathedrale aus
dem 14. Jahrhundert ist vor allem das
große Rosettenfenster sehenswert.

Plaça de la Catedral
Dalt Vila, 07800 Eivissa
Dienstag – Samstag 9.30 – 13.30 Uhr
und 16.00 – 19.00 Uhr,
Sonntag 10.30 Uhr zur Messe,
Montag geschlossen

Kathedrale Santa María de les Neus

Die Lage ist herrlich. Hoch oben
thront die Kathedrale über der Stadt.
Nur wenige Meter weiter hat man
von der Stadtmauer aus einen wunderschönen Blick bis hinüber nach
Formentera sowie auf den Hafen.

„Lucia und der Sex"

Julio Médem hat 2001 diesen anfangs verspielten Liebesfilm, der in einem Drama mündet, mit einigen schönen Landschaftsaufnahmen auf Formentera in Szene gesetzt. Jeder auf der Insel kennt ihn.

„Kevin und Perry tun es"

Die Komödie von Ed Bye aus dem Jahr 2000 führt zwei Loser nach Ibiza. Sie träumen davon, berühmte DJs zu werden. Im Club Amnesia werden sie dann auf kuriose Weise zu Stars.

„More – mehr – immer mehr"

Ein legendärer Drogenfilm von Barbet Schroeder 1969, zu dem Pink Floyd die Musik gemacht hat. Ein deutscher Mathematiker trifft nach seinem Studium die Hippieszene in Paris, verliebt sich in Estelle, begegnet ihr auf Ibiza wieder und wird mit ihr auf der Insel heroinabhängig.

„Ibiza Hippies" und „Les chemins des paradis hippies – Ibiza"

Beide Dokumentationen geben einen guten Einblick in die Sechzigerjahre auf Ibiza. Hippies und Prominente wie Philippe Starck erzählen von den legendären Zeiten auf Ibiza.

Walter Benjamin (1892-1940):
Weltvergessenes Ibiza der Dreißiger

Benjamin schwärmte von der Ruhe und Beschaulichkeit, dem Blick aus dem Fenster auf das Meer und die vorgelagerte Felseninsel. Am Morgen war der Strand menschenleer, hatte er das Meer für sich allein. Ein vorindustrielles, archaisches und weltvergessenes Ibiza der Dreißigerjahre war das: Die Felder wurden nach arabischer Tradition mit der Hilfe von Maultieren und Schöpfrädern bewässert, mit Sicheln geschnitten und das Getreide unter Pferdehufen gedroschen. Kühe gab es auf der ganzen Insel nur eine Handvoll. Mit einer Mark achtzig ließen sich drei „provinzielle", aber „delikate" Mahlzeiten bezahlen. Von weniger als 100 Mark konnte der nicht gerade mit Reichtum gesegnete Philosoph einen Monat lang auf Ibiza gut leben. Brot war erst seit wenigen Jahrzehnten auf der Insel bekannt, zuvor ernährten sich die Ibizenkos vor allem von Mais. Fremde und Zugereiste wurden damals noch stolz gezählt und per Handschlag am Hafen begrüßt. In Eivissa und Sant Antoni entstanden allerdings bereits die ersten, noch unfertigen Hotelbauten, die erstmals fließend Wasser in Aussicht stellten. Obwohl Benjamin bewusst war, wie sehr Reisejournalisten jeden Ort mit der Fantasie des Müßiggängers im Dunst verklären, den die Ferne um ihn webt, erschien ihm Ibiza als „paradiesische Gegend" – gerade im Kontrast zu dem durch Industrie und Technik sich ähnlicher werdenden übrigen Europa.

Nahe von Sant Antoni schrieb er Geschichten auf, beobachtete Eidechsen und ihre Fänger, vermisste allein den Flirt und die Zeitungslektüre, das fließende Wasser und elektrische Licht, Butter und Schnäpse. Zumindest, bis er sich 1933 in die Malerin Anna Maria Blaupot ten Cate verliebte ... Die tolerante, würdevolle und einladende Lebensart der Ibizenker war ihm sympathisch. Die Kunst, Geschichten zu erzählen, faszinierte ihn, die Art und Weise, wie Erfahrungen in einer bunten Mischung aus Dichtung und Wahrheit ausgetauscht wurden: eine Kultur des Erzählens, des Gesprächs, der mündlichen Überlieferung in vorindustriellen Face-to-face-Gesellschaften.

Bäuerliches Inventar brachte Benjamin zum Schwärmen, die offenen

Türen, gerafften Perlenvorhänge, die strenge, symmetrische Anordnung und Würde der auffallend schön geflochtenen Stühle in den einfachen, leuchtend weißen Räumen, Hüte, die über Stuhllehnen hingen ... Auch die ersten Drogenerfahrungen machte er wohl auf Ibiza. Der Boden unter seinen Füßen klang ihm auf der Insel an manchen Stellen angenehm hohl, schien zur Einsamkeit zu passen. Ob es hohle Stellen in der Lava oder doch Gräber seien, fragte er sich. Sieben Jahre später, im September 1940, nahm er sich an der französisch-spanischen Grenze in Port Bou das Leben.

Walter Benjamin verbrachte viele Monate südlich von Sant Antoni in einem einfachen, mittlerweile abgerissenen Haus neben der Mühle Sa Punta des Moli. Sie ist heute ein bekannter Veranstaltungsort mit Kunstausstellungen, einem botanischen Garten, einem Schöpfrad, einer Ölmühle und einem Spielplatz. Eine Tafel an dem Gebäude neben der Mühle erinnert an den Aufenthalt des „filósofo alemán" in den Dreißigerjahren. In der Finca Ses Casetes nebenan war er bei seinem Freund Hans Jakob Noeggerath häufig zu Gast. Einige seiner ibizenkischen Aufzeichnungen sind unter dem Titel „Spanien 1932" in den autobiografischen Schriften, andere unter Geschichten und Novellistisches in der Gesamtausgabe erschienen. Vicente Valero hat ein schönes Buch über Benjamins Zeit auf Ibiza geschrieben, das 2008 erschienen ist: „Der Erzähler. Walter Benjamin auf Ibiza."

MEINE PERFEKTE WOCHE

Montag:

Dienstag:

Mittwoch:

Donnerstag:

Freitag:

Samstag:

Sonntag:

LUST AUF DAS WELTWEIT BESTE?

Die Buchreihen „Ein perfektes Wochenende…" und „Eine perfekte Woche…" werden vom Online-Travelguide www.smart-travelling.net in Kooperation mit Süddeutsche Zeitung Edition herausgegeben.

Auf smart-travelling.net gibt es:

- ☞ Handverlesene und aktuelle Tipps und Adressen für über 50 Städte und Regionen
- ☞ Blog mit kulinarischen Highlights und spannenden Interviews
- ☞ Direkte Buchungsmöglichkeit von Hotels

Reisen Sie mit uns um die Welt!

 facebook.com/smarttravelling

 instagram.com/smarttravelling